社長のための
残業ゼロ企業
のつくり方

時短コンサルタント 山本昌幸 著

税務経理協会

まえがき

社長のたった1つの決断で残業ゼロ企業が実現できる！
ムダには必ず原因がある！　社長が本気になれば時短はカンタン！

　中小企業経営者の皆さまへ。本書を手に取っていただきありがとうございます。

　この本は中小企業の社長のために執筆した本です。全ての着眼点は社長向けに書いてあります。ですから，一般の社員の立場の方やコンサルタント・士業の方向けの本ではないことをご理解ください。また権利ばかり主張してロクな成果を出さないいわゆる「ブラック社員」は読まないほうが賢明です。ただし，経営者の着眼点を持ち，日々の業務に当たっている社員の方は社長でなくてもこの本の内容をご理解いただけると思います。

　この本は，ムダな労働時間を削減させ（残業削減：時短），生産性を向上させる仕組みであるマネジメントシステムを構築～定着させるための指南書です。要するに，本書を読むことで**常に残業時間・ムダな労働時間発生に目を光らせ，常に生産性を上げることを念頭に活動する組織風土を構築**することができるようになるのです。

　ムダな労働時間を削減するということは，結果的に

　・残業時間をなくす
　・5人分の仕事を4人で処理する

の2点です。

　"仕組み構築～定着"ですから，社長であるあなたが時短の仕組みを理解し，組織風土をつくりだし，仕組みの構築を管理職に指示して，その管理職が仕組みを構築しルールとして定着させることを目的とした初めての本です。

　私は，今までに，企業のマネジメントシステム関連業務に18年間携わり，

750回以上の企業に対する監査，250社以上のフルコンサルティングを担当してきました。その中で，あるマネジメントシステムの調査活動で北欧スウェーデン・ノルウェーに4回調査に行き，その後も業務上の繋がりを持っています。

その中で不思議に思ったことは北欧の労働事情です。

・残業時間が極めて少ない

・長期休暇を必ず取得

・80％を超える女性の就労率（世界一）

このことはスウェーデン・ノルウェーに限らずヨーロッパ系諸国（広義の解釈では欧米）全体に当てはまり，驚くべきことは「残業時間が極めて少なく，長期休暇は当たり前」であるにも関わらず，世界的にある一定の地位を保っていることです。

では，わが国日本はどうなのでしょうか？

・膨大な残業時間

・長期休暇の取得は難しい

私たち日本人はこれだけ一生懸命働いて，それで，何とか世界的地位を保っています。もしかしたら私たち日本人はトンデモなく非効率な民族？？　なのでしょうか！　いや，違います。間違っても私たち日本人が非効率な民族であるはずがなく，残業時間が多いだけなのです。では，なぜ，残業時間が多いのでしょうか。

もしかしたら，あなたは今までに残業時間削減について書かれた本を読まれたことがあるかもしれません。ただその手の本は次の①②のような本ではありませんか？

① 　残業代削減の解説であり，労働（残業）時間削減の解説ではない

これは変形労働時間制やみなし労働時間制を採用し，同じ労働時間でも時間外手当（残業代）をゼロや一定に抑える取決めですね。この方法も残業代を抑えるためには有効であり，結果，残業時間も減りますが，この方法を採用しても労働時間が1秒も減るわけではないことは周知の事実です。

② 残業時間を防止するための事例集的な解説本（小手先の残業対策）

　これは残業時間を発生させないために「ノー残業デーの設置」「残業の許可制」「夕方〇時に一斉消灯」等の施策ですね。これらは一時的には効果が出るとは思いますが，時間が経つと元に戻ってしまったり，ひどい場合はタイムカード打刻後に隠れて仕事を続けたり，自宅に仕事を持ち帰るといういわゆるサービス残業の温床にもなりかねません。

　これらの書籍からはそれぞれ学びがあり有益です。ただ，①については，労働時間自体を削減する目的ではありませんから，これらの書籍により継続的に適正労働時間実現を期待すること自体が間違いなのです。
　②の「残業削減の事例集」や「残業削減のノウハウ集」については，効果が出る場合もありますが，いかんせん残業発生の原因を特定しているわけでもなく，データの裏付けもありません。要するに**根拠のない成果は単なる偶然＝原因不特定による成果は単なる偶然**といえるでしょう。

　このようないわゆる"小手先のテクニック"について，私は以前から効果が限定的であることを主張してきました。正式には，私が主宰しているサイト「ロードージカンドットコム」（2013年9月開設）や拙著である「『プロセスリストラ』を活用した真の残業削減・生産性向上・人材育成　実践の手法」（2014年4月，日本法令発行），労務関係専門誌の「ビジネスガイド」（2014年4月，日本法令発行）で「原因特定無き対策は効果が出ることがあっても一過性であり，時短の効果は継続せず，却ってサービス残業の温床になってしまう」と主張してきました。
　最近では，同様のご意見をお持ちの方も積極的に発言するようになり，私としては同志を得た気分です。

　ただ，今までは，一過性の小手先の時短対策以外に，「では，どのようにすれば根本的な時短が実現できるのか？」という問題を解決できる仕組みも見当

たらず，当然，関連の書籍も発行されていませんでした。

　そこで，この本では，世界中で認められている目的達成や問題是正のアプローチとして実績のあるマネジメントシステムをベースに私が策定した，残業時間・ムダな労働時間の発生，生産性向上のマネジメントシステムについて解説いたします。私自身，18年間マネジメントシステムの第一線に関わってきた専門家として，当該仕組みを策定し，実際に私の関与先での数多くの成功事例を元に当書籍の執筆に至りました。

　そもそも，「問題には必ず原因がある」のです。そして，「残業時間発生＝問題発生」と捉えた場合，「残業時間発生にも必ず原因がある」のです。その残業発生の原因を突き止め，対策を施すことができればムダな労働時間（残業時間等）は必ず削減できるのです。

　前述のように，「残業時間発生には必ず問題がある」のです。

　私がこの本を執筆するきっかけとなったスウェーデン企業の1つの実態として，残業する場合は正当な理由を上司に報告する必要があります。この正当な理由で残業が慢性化している場合，社長や上司はその原因を追究した上で対策を施すのです。

　実は，会社（組織）で起きている問題のほとんどは社長の問題なのです。

　言い方を変えると会社（組織）で発生している問題の真の原因を追究していくとほとんどは社長が何らかの原因と関わっています。

　社長が原因ということは，その問題を解決することができるのは社長であり，社長がほとんどの問題を解決することができるのです。

　要するにその組織の責任者が本気になればムダな労働時間発生という問題は解決できるのです。

　本書は，このことを精神論ではなく，科学的手法をベースにマネジメントシステムとして継続的に成果が出せる仕組みとして解説しています。

まえがき

　業種により残業時間削減・ムダな労働時間削減，生産性向上の効果は異なり，正直，労働集約型産業（運送業，建設業，サービス業）は，事務を中心とした業務や製造業より効果は限定されますが，労働集約型産業であっても必ず残業・ムダな労働時間の原因があるのですから効果が期待できます。
　この本をお読みになることで
　・ムダな労働時間の現状把握
　・ムダな労働時間のあぶり出し方法
　・ムダな労働時間の原因追究
　・ムダな労働時間排除の３つのステージ
　・以上の仕組みの構築，運営，改善方法
の知識を身に付けることができます。
　そして，この仕組みを構築して，ムダな労働時間削減（残業削減，適正労働時間実現）を実現することが可能です。要するに，

「残業・ムダな労働時間削減，生産性向上は，私のたった１つの決断で実現できるのか！スグにでも決断しなくては！」
と社長にご納得頂くための本です。
　中小企業の社長にとって，「おカネの悩み」と「ヒトの悩み」が経営上の悩みのほとんどを占めるのではないでしょうか？
　この本は時短をマネジメントシステムで実現することを指南した最初の書籍です。この「時短マネジメントシステム：ジタマネ」に取り組み，
　・小手先ではない真の残業時間削減，生産性向上
　・社長の片腕の育成，次期社長の育成
　・高利益体質企業
　・人手不足解消
を実現してください。

2015年４月

山本昌幸

目　次

まえがき

第1章：社長の本気次第で時短と生産性向上を実現し利益を増加！ …………… 1

 1 残業代荒稼ぎ怪獣を倒せ！　そして，ヒーローである社長は長時間労働地獄からまじめ社員を救え！ ………… 1
 2 まともな人材はいないのか！　無能な従業員ほど残業する ………… 5
 3 無能な従業員ほど楽している現実 ………… 7
 4 従業員は自分の財布が痛まなければよい！ ………… 9
 5 アリではなくキリギリスになりたいのが従業員の本音？ ………… 11
 6 人は他人を変えられない ………… 13
 7 もうウンザリ？　既存の時短対策 ………… 14
 8 自社の信頼できる従業員に「時短実現の仕組み」を習得させる ………… 20
 9 問題発生には必ず原因がある ………… 21
 10 原因特定がヘタな日本人 ………… 25
 11 原因を特定してこそ問題解決ができる。原因特定手法は難しくない！ ………… 28
 12 残業時間・ムダな労働時間を減らすことができない理由 ………… 30
 13 社長，お願いします！ ………… 31

第2章：どこまで非効率なのですか？　日本人の働き方は最低？ … 33

 1 なぜ，欧米は労働時間が短いのか？　日本人は非効率な民族？ ……… 33
 2 真に受けてはいけない平均労働時間データ ………… 35
 3 ムダが多すぎる！　馬鹿げたことで残業している実態 ………… 36

4	ワーク・ライフ・バランスに惑わされないで ………………	38
5	残業時間を減らさないと今後の法改正に対応できない？ ………	39
6	当社は残業代（時間外労働手当）を支払っていないので関係ありません ……………	40
7	過重労働解消キャンペーンにおける重点監督実施状況結果 ……	45
8	社長自身が「このままで良い！」と思っていませんか？ ………	46
9	残業時間・ムダ労働時間削減，生産性向上を妨害する最大の敵とは？ ……………………	48

第3章：時短，生産性向上の仕組みを構築，定着，改善していくために必要なこと …………………… 51

1	成功するプロジェクト，失敗するプロジェクト，その差は何か？ …	51
2	効果を永久に持続させるために必要なコト ……………	55
3	安易にPDCAを理解した気にならないでください ………	56
4	プロセス管理の重要性 …………………………………	60
5	プロセスリストラとは？ ………………………………	64

第4章：世界中で活用されている「○○防止手法」「○○達成手法」を活用した時短，生産性向上の手法 …… 67

1	科学的な労働時間削減手法 ………………………………	67
2	時短マネジメントシステム：通称 ジタマネ …………	69

第5章：「時短マネジメントシステム：ジタマネ」とは？ ……… 73

1	「時短マネジメントシステム：ジタマネ」の説明に入る前に ………	73
2	作業状況を見渡してみましょう ………………………	73
3	「のそり状態」からの脱出！　仕事の効率について！ ………	74
4	「蒸発状態」からの生還！　仕事の稼働率について！ ………	76
5	「妨害状態」とは？「妨害時間」の被害にあわないで！ ………	78
6	「残業時間」と「ムダな労働時間」とは？ ………………	81

7	効率と稼働率を上げて，さらに重要な「作業品質」	83
8	「リスク」(ネガティブリスク) と「取組リスク」について	85
9	「機会」(ポジティブリスク) と「取組機会」について	85
10	「原単位」について	86
11	「秒給」について	87
12	「標準化」について	88
13	「標準処理時間」について	89
14	「時短マネジメントシステム：ジタマネ」の概要	89
15	「時短マネジメントシステム：ジタマネ」のステージ 0	90
16	「時短マネジメントシステム：ジタマネ」のステージ 1	92
17	「時短マネジメントシステム：ジタマネ」のステージ 2	94
18	全ての行動は根拠をもとに行う：PDCAの本質	96
19	「ジタマネ」では，小手先の手法も有効？	100
20	「ジタマネ」への取組みは，最も効率良い投資	101

第6章：「時短マネジメントシステム：ジタマネ」の プロジェクトの進め方 ……………………… 103

1	ステージ０：社長が覚悟を決め，対象部署の決定，「方針」の策定，掲示	108
2	ステージ０：時短に取り組むことを社内に公表	113
3	ステージ０：プロジェクトメンバーの募集	114
4	ステージ０：プロジェクトチームの編成，時短責任者，時短事務担当者及びメンバーの任命	116
5	ステージ０：プロジェクトチームへの事前教育（初期教育）	119
6	ステージ０：プロジェクトを遂行する上でのリスクの洗い出し・対策実施	122
7	ステージ０：現状把握	123
8	ステージ０：日常の運用管理策の決定	123
9	ステージ０：文書管理の仕組みづくり，「就業規則」の改定	124

10	ステージ0：「ジタマネ」への取組み宣言セレモニー	127
11	ステージ1：リスク（ネガティブリスク）と取組リスクの決定	128
12	ステージ1：残業時間・ムダな労働時間削減に繋がる機会を洗い出す機会（ポジティブリスク）と取組機会の決定	139
13	ステージ1：プロセスリストラの決定（根本的な作業時間改善手法）	140
14	ステージ1：長期目標，短期目標及び実施計画の策定	142
15	ステージ1：実施計画（運用管理策，プロセスリストラ策）の実行	149
16	ステージ1：監視，測定及び検証	150
17	ステージ1：取組結果を周知する	151
18	ステージ1：効果ある施策を標準化する	152
19	ステージ2：業務処理プロセスの明確化	155
20	ステージ2：プロセスリストラの決定（根本的な作業時間改善手法）	160
21	ステージ2：短期目標（単年度）の改定及び実施計画の改定もしくは追加	161
22	ステージ2：継続運用	161
23	ステージ2：監視，測定及び検証	162
24	ステージ2：不適合処置，是正処置及びインシデント管理	170
25	ステージ2：内部監査	173
26	ステージ2：マネジメントレビュー	182
27	ステージ2：継続的改善～次のステージへの展開	183

終　章：「時短マネジメントシステム：ジタマネ」がもたらすこと　185

　1　「時短マネジメントシステム」とはどのようなものだったのか　185
　2　「時短マネジメントシステム」の真の目的　187

あとがき

第1章
社長の本気次第で時短と生産性向上を実現し利益を増加！

1 残業代荒稼ぎ怪獣を倒せ！
そして，ヒーローである社長は長時間労働地獄からまじめ社員を救え！

「日本経済新聞」に「働き方Next」という非常に興味深い連載がありました。2015年1月3日1面掲載の"なくせ「偽装バリバリ」"には，日本の長時間労働の背後には「偽装バリバリ」と「過労バリバリ」という2つの異様な「バリバリ社員」が潜むと記載されています。また同紙取材班が東京・新橋のほろ酔いサラリーマン50人に「あなたの職場に偽装バリバリはいますか？」と質問したところ半数のサラリーマンが「いる」と回答。その際，

・なぜ会社に残っているのか？　残業代目当てでは？

・ムダな仕事が多い

・会社の方が居心地良い

などの感想を持ち，要するに<u>ムダな残業時間の存在を認めざる得ない状況</u>があるようです。ただ，もう1つの質問として，「あなたは偽装バリバリですか？」との質問に対しての回答は全員「ノー」だったとのこと。

この自覚症状が出難い疾患がこの問題の難しいところでもあります。

新橋のサラリーマンの感想は"ほろ酔い"も手伝って主観的な感想の可能性もあり，100％真実とも言えないかもしれませんが，たとえ半分が真実だとした場合，<u>こんな理由で残業手当を支払っている社長！　大丈夫なのですか？</u>このことは大企業だけの問題ではなく全ての企業に共通して潜んでいる大問題だと思うのです。

このような残業代荒稼ぎ怪獣の存在は，まじめに働いている従業員はもちろ

ん，まじめに経営に携わっている社長を蝕んでいくばかりです。

　この本は中小企業の社長向けの本ですが，「社長」とは，従業員にとってどうあるべきなのでしょうか？

　従業員から見た社長のイメージとは

・恐い

・厳しい

・口答えし難い

　なんか，マイナスなイメージですね。でも，これらのイメージには偽りはないでしょう。だからこそ，

・褒められると嬉しい

　そう！　恐い・厳しい立場の上の人から褒められると嬉しいのです。そして，会社の経営権を持っているのですから，問題発生時の最終責任者であり，解決することができる人物なのです。要するに，

従業員にとって社長はヒーロー・ヒロインなのです！

　ヒーローである社長にとって，会社の正義を実現するために守るべきは従業員です。

　えっ？　ブラック社員までは守れない？

　では，質問。あなたの会社はそもそもブラック社員がはびこる組織風土ではないのですか？

　ブラック社員にしても「過ごしやすい環境」があるのです。あなたの会社はブラック社員が過ごしやすい環境になっていませんか？

　ブラック社員を100％防ぐことは難しいのかもしれませんが，組織風土次第で，ブラック社員が敬遠したくなるような環境を作り出すことができるのです。

　そのためのクリーンな組織風土を社長，あなたが作り出さなくてはなりませ

ん。

　クリーンな組織風土構築で一番重要なことは「残業・ムダな労働時間削減，生産性向上」を組織風土化することです。これが実現できれば，経常利益を増やすことができます。その金額たるや，

　　例：1人平均の月額給与25万円の従業員が20名在籍の会社で，
　　　　1人当たり月5時間残業を減らした場合。
　　　残業代時間給：250,000円÷177時間×1.25＝1,765円
　　　削減：1,765円×5時間×20名×12か月＝2,118,000円
　　なんと，1年間で200万円以上の経費が削減できます（純利益アップ）。
　　更に，労働・社会保険料や水道光熱費も削減できます。

　　例：1人平均の月額給与25万円の従業員が20名在籍の会社で，
　　　　19名で既存の業務を処理できるようになった場合。
　　　250,000円×12か月＝3,000,000円
　　なんと，1年間で300万円の経費が削減できます（純利益アップ）。
　　更に，賞与，労働・社会保険料，交通費や水道光熱費も削減できます。

　社長はヒーローとして従業員を長時間労働から救う義務がありますし，長時間労働を是正することにより，今後避けて通れない人手不足対策としても非常に有効です。

時短により解決できることはたくさんあります！

　現在既に，女性活用問題，要介護者を抱えた従業員問題等（働くことに制約がある人），会社として対応していかなくてはならない問題が山積みとなっています。ただ単に利益が増えることより，企業経営に関わる上での問題解決のためにも，社長がヒーローとなり残業・ムダな労働時間，生産性向上への取組

み担当者を全面的にバックアップして，推進してください。

ヒーロー・ヒロインである社長が残業地獄から従業員を救え！

　残業地獄で苦しむ従業員を救えるのは社長しかいません。しかし，そのヒーロー・ヒロインであるはずの社長の行動が間違っているのです。正直，社長自らが残業を削減する手法の活用は，小手先の対策（残業の許可制等）以外，難しく誰かに相談することになります。

しかし！その相談相手が間違っているのです！

　2014年4月に出版された拙著の中で，"子供にハンマーを与えるとやたら叩きたがる"について説明しました。その意味は，「手に入れたものを使ってみたくなる」という意味です。このことを各種専門家やコンサルタントに例えると，

専門家・コンサルタントは保有している知識で解決を図りたがる

ということです。
　その問題を解決するために必要なメソッドが他にあるにもかかわらず，社長が相談する専門家・コンサルタントは自分の保有している知識で解決しようとするのです。誤解していただきたくないので付け加えますが，これは悪意を持っているのではなく，「何とか解決してあげよう」という専門家・コンサルタントの"性（サガ）"なのかもしれません。しかし，そもそも残業時間・ムダな労働時間削減，生産性向上の専門家ではない方が根本的な解決ができるはずもなく，指導開始後も成果が出ず，何となくフェードアウトしてしまうのが現実のようです。
　そこで，社長は社内において時短活動の先導役であるリーダーを従業員の中から選抜して，全面的にバックアップしていただきたいのです。
　リーダーに選任された従業員は時短のための知識を身に付けなくてはなりません。この本は，社長向けの本ですが，「まえがき」の冒頭にもあるように"経営者の着眼点を持ち，日々の業務に当たっている方"であれば，社長でな

く，従業員の方でも十分に理解・賛同していただけると思いますので，まずは，この本をご活用ください。そして，社長の役目は**その対象従業員に"経営者の着眼点"**を持たせる努力をすることです。

2　まともな人材はいないのか！　無能な従業員ほど残業する

　私は現在51歳ですが，27歳で起業し28歳のとき，初めて従業員を雇用しました。そして現在でも小さな組織ではありますが10名弱で組織を運営しております。23年ほど従業員を雇用していますと，小さな組織とはいえ，様々な従業員がいました。また，日々のコンサルティング活動や監査活動で様々な業種や規模の社長と面談する機会が非常に多いのですが，雇用する従業員に求める共通点は1つではないでしょうか。それは，

経営者の着眼点でものごとを判断できることです。

　例えば，カラーコピー。従業員がカラーコピーを何枚刷ろうが従業員の財布が痛む訳ではありません。もし，カラーコピー代を従業員自らが負担するのであれば，会社のカラーコピー代は激減するのではないでしょうか。この方法は労働基準法上問題のある処置なので実践はしないでいただきたいのですが，この感覚が理解できる従業員が"経営者の着眼点"なのです。

　いや，まだまだ甘い！
　業務上，そのカラーコピーは必要なのか？　要は「そのカラーコピーは本当に刷る必要があるのか？」という着眼点が必要なのです。
　一番，能がない行動として，必要なカラーコピーを刷ることを惜しんで（自腹を切るのが嫌なので），モノクロコピーしてから，ラインマーカー等でカラフルな資料に飾り立てることです。
　えっ？「何がいけないのか？」ですって？

モノクロコピーの資料をラインマーカーで飾り立てることにどれくらいの時間を費やしたのですか！　その時間も労働時間であり，会社が負担しているのです。そのようなムダな時間を使うくらいでしたら，カラーコピーで刷ったほうがよほどコスト削減できます。

　以上のように，ものごとを真の目的を理解して行動する従業員こそが"経営者の着眼点"と言えるでしょう。

　また，常に気になることが次の2点です。

◆　残業時間の多い従業員

　優秀な従業員とは，
　　　　　与えられた時間内で要求された以上の成果を出す従業員
では，ないでしょうか。

　与えられた時間内で要求された成果を出すことはごく当たり前であり，時間内に成果が上げられずに残業をして作業を完成させる社員に，果たして残業代を支払う必要があるのでしょうか。労働基準法上のことを言っているのではありません。ここで言いたいのは，例えば所定労働時間内に要求された以上の成果を出す従業員Aさんと，残業して残業代が発生して何とか最低限の成果を出すBさん。

　基本給（労働の対価としての賃金）が同一であれば，能力の低いBさんの方が，給与が高くなるのは社長として合点がいきませんよね！

◆　「では，今スグ伺います！」という従業員

　お客様から，あなたの会社の担当者に電話が入り，大した用事でもないのに「ハイ！　では，今スグに伺います」と対応し，顧客のところに出かけていく従業員のCさん。果たして，Cさんは優秀なのでしょうか？

　社長の本音として，「自分の趣味で休日に勝手に出向くのは勝手だけど，就業時間中に給料もらいながら会社の経費使って出かけるなよ」ではないでしょうか（当然，その結果，残業時間も増える）。もちろん，迅速な対応として顧客企業に出向くことによってクレームが解決するなど，必要な訪問はありますが，何でもかんでも「ハイ！伺います」では，事の本質を理解していないと判

断されます。要は，その顧客への訪問はどれだけの価値を見出したのか？　ですね。

　私の関与先では，顧客に評判の良い担当者（営業マン）ほど営業成績も悪く，付加価値が低いという事実がありました。顧客からの評判が良いということは決して悪いことではなく，褒められるべきなのでしょうが，本末転倒にならないように考えることです。

3　無能な従業員ほど楽している現実

　前項の"無能な従業員ほど残業する"と相反すると思われる方もいらっしゃるかもしれませんが，次の実話を紹介します。

　ある組織で大規模な会合があり，会場での来賓受付業務の担当としてA氏からF氏の6名が選任されました。その役割は以下の通りです。

A氏：来賓者の受付を行い，出席者名簿の出席欄に"○"を付ける

B氏：来賓者受付時に正確な氏名（読み方）を聞き取り，代理人が出席の場合はその方の氏名，役職，氏名の読み方を聞き取り，名簿に記載する
（代理人の出席が非常に多い）

C氏：来賓者の胸にリボンを付ける

D氏：来賓者の胸にリボンを付ける

E氏：来賓者を控室にご案内する

F氏：来賓者を控室にご案内する

　この6名の役割の中でB氏の業務が一番手間がかかることは最初に伝えられ，他の5名も認識していました。

　そして，会合当日。急遽，来賓者の中で「ご祝儀」を持参される方が多々いらっしゃるという情報が入り，更に，受付時に名刺を頂戴することになりました。

　そこで，名刺を頂戴する担当は，C氏，D氏とし，「ご祝儀」を受領し保管する担当はA氏と決まりました。しかし，いざ蓋を開けてみると・・・。

B氏が来賓者へ「お名刺を頂戴できますか」と依頼し受領し、「ご祝儀」もB氏が頂戴し管理していたのです。一番大変な作業を担当しているB氏がさらに2つの業務もこなす羽目に。

　なぜ、そのようなことになってしまったのでしょうか？　ちなみにA氏からF氏全員、当該業務を担当するのは初めてです。

　このような会合の場合、ある時間帯に出席者が集中します。その結果、A氏が非常に焦ってしまい、出席者名簿からご来場いただいた来賓者の氏名を探すことに手間取ってしまったのです。また、C氏、D氏も焦ってしまい、最初に名刺を頂戴することをすっかり失念してしまいました。早い話、仕事ができる人間に安易に仕事が集中してしまうということなのです。

　あなたの会社でも同様の現象が必ずあるはずです。例えば、

・依頼しやすい従業員につい、依頼してしまう

　ここで、"依頼しやすい従業員"とは、次のような従業員でしょう。

・業務処理が早い

・依頼しても嫌な顔をしない

　要するに、「業務処理能力が高い有能な従業員」もしくは「いつも前向きに業務対応している性格の良い従業員」は、自分の業務以外もこなす羽目になり、常に忙しい状態になり得るということです。

逆に,「業務処理速度が遅いか,でき栄えの悪い(もしくは両方)無能な従業員」や「ネガティブな性格の性悪従業員」は,仕事が集まり難く,常に楽な常態ということです。

このような不公平が許されるのでしょうか！ このような状態から彼らを救ってあげなくてはなりません。

4 従業員は自分の財布が痛まなければよい！

「なんだ結局,お金の話ですか」と思わないでください。いや,この本を読んでいるあなたは社長の立場ですから,間違ってもそんなこと思わないですね。失礼しました。この「自分の財布が痛まなければよい」は,会社を経営していくためには,避けて通れない着眼点です。残念ですが,ほとんどの従業員はこの感覚を持っています。もちろん,意識していない場合もありますが。

ほとんどの従業員は,自分の懐が痛まなければ問題意識など持てないのです。その最たることが労働時間です。次のようなことが実際に発生しても自分の財布が痛まないので関係ないのです。

- ムダな残業時間,必要だが膨大な残業時間(逆に自分の残業に対しては残業手当が支給されるので助かる)
- 3時間で処理できる仕事を5時間かけて処理している
- 勤務中のスマートフォン操作,長時間トイレ,喫煙
- 定額残業代,みなし労働時間制が否定されて膨大な未払い残業代を請求される
- 厚生労働省策定の,「過重労働による健康障害防止のための総合対策」による月の残業時間が45時間,80時間,100時間を超える
- 「時間外・休日労働時間する協定」(36協定)の協定時間超の残業時間発生

- 現在（2015年3月1日現在），中小企業に猶予されている，月60時間超の残業時間に対する割増率50％以上の残業手当支払い（通常は25％）実施の可能性
- 有給休暇消化義務化，労働時間上限制，インターバル規制（終業時刻から翌日の始業時刻の最低時間を義務化）等の義務化の可能性
- ワーク・ライフ・バランスの実現には程遠い現状

　前述の問題や事象が発生したとしても，従業員の財布からその費用等が支払われるわけではないので，自分の問題として捉えられません。もちろん，管理職として人事評価の対象に前述の内容が含まれている場合は自分の問題といえますが，あくまで間接的です。

　前述の問題や事象は全て労働時間に起因することです。ムダな労働時間を減らしたり，生産性を向上することにより多くのことが解決できます。

　以前，次のような実例がありました。

　ある会社で事務員が7名ほどいたのですが，その残業代が半端ではなく，17時30分の終業時刻に対して，19時30分以降まで2時間以上の残業を日々していました。他の従業員から見て，明らかにただ残っているだけの雰囲気の事務員さんや，17時30分までは暇そうにしていて，17時30分以降に忙しく振る舞っているイメージがあったようです。仮に7名全ての事務員さんの月額給与が201,072円で，月の所定労働時間が177時間の場合，残業時間の1時間当たりの単価は次のように計算されます。

$$201,072円 \div 177時間 \times 1.25（割増率）＝1,420円$$

そして，事務員さん全員の1か月の残業時間数は，

$$2時間（1日当たり）\times 7人 \times 20日（出勤日数）＝280時間$$

1時間当たりの残業手当単価に残業時間数を乗ずると，

$$1,420円 \times 280時間＝397,600円$$

第1章　社長の本気次第で時短と生産性向上を実現し利益増加！

　なんと，1か月当たりの事務員さん7名分の残業手当は，40万円近かったのです。そこで，社長が取った行動とは，「今後，残業手当は一切支払いません」と宣言したのです。そして，その翌日から事務員さん7名全員，ほぼ残業がゼロになってしまったのです。これはこれで唖然としました。翌日から残業時間ゼロとは，如何に「今まで私たち事務員はムダに会社に居残って残業代をせしめていました」と証明したようなものですよね。

　このとてもムダな経費である毎月40万円についても，社長以外も気づいていた従業員，管理職は大勢いました。逆に気づいていない従業員は極わずかだと思います。皆，この膨大なムダに気づいていながら誰も手を付けられなかったのです。結局，大ナタを振るったのは社長でした。

　この実例はもちろん，5頁のカラーコピーの例と同様に労働基準法上問題のある処置ではありますが，ムダ事例をわかりやすくするために説明しました。決して，マネしないでください（ちなみに，残業時間が翌日からゼロになった企業は組織のアキレス腱が原因で倒産してしまいました・・・合掌）。

5　アリではなくキリギリスになりたいのが従業員の本音？

　皆さんも，「アリとキリギリス」のストーリーはよくご存知だと思います。
　子供の頃，「アリとキリギリス」で日常，まじめにコツコツと働くことの尊さを教えられたと思います。でも，今になって思うと（もしかしたら子供の時でさえ），むしろキリギリスのように楽して暮らしたいと思いませんか？　決して，サボったり，いい加減な生き方を希望しているのではなく，いろいろ工夫してもっと効率よく作業したり，生きていくことができれば良いと思いませんか？

　誤解を恐れずに表現すると，「ただ与えられた仕事を頭も使わずにまじめに処理しているだけなのは"悪"」なのです。「まじめに指示に従ってコツコツ働くことの何が悪いんだ！」とお叱りを受けるかもしれませんが，私が言いたい

ことは「人は常に改善できる」ということを理解していただきたいということです。

　社会主義国をみてください。現在では純粋な社会主義国は数えるほどしかありませんが、過去の社会主義国も含めて考えていただきたいのです。社会主義国の国民は建前上格差も無く平等なのです。そして、労働者は指示に従って淡々とこなしているだけなのです。そのような状況で改善という考えが思いつくはずもありません。見方を変えると、オートメーション機械と同じなのです。機械オペレーターが60分当たり〇〇を180個作製するためのセッティングをした場合、そのオートメーション機械は忠実に60分で180個作製します。

　機械であれば自分で考え改善することは難しいですが、機械オペレーターであれば、無駄を省くために様々なことが行えます。

　では、"機械オペレーター"は、経営上の組織では誰なのでしょうか？　それは、

社長！あなたです！

　社長だからこそ残業時間・ムダな労働時間を減らすことができ、5人分の仕事を4人で処理するために生産性を上げることができるのです。ただ、**誤解しないでください！**　忙しい社長自らが残業時間・ムダな労働時間削減、生産性向上の仕組みを作るのではありません。社長は、従業員に対して本気度を突き

付ければ良いのです。そして，その仕組みの構築～運営～改善の責任者を任命し，全面的にバックアップすれば良いのです。

　私も以前は社長自らに残業時間・ムダな労働時間削減，生産性向上のリーダーとして活動手法を指導していましたが，思わしくない結果がありました。なぜなら，社長の業務はこの業務だけではありません。経営判断が必要な重要業務に時間を取られ，残業時間・ムダな労働時間削減，生産性向上プロジェクトが手薄になると，従業員は一気に時短へのモチベーションが下がります。ですから，社長はプロジェクトリーダーを務めてはいけないのです。社長としてリーダーを選任し全面的にバックアップする姿勢を見せれば良いのです。

6　人は他人を変えられない

　人は他人を変えられません。ですから，会社から行かされる自己啓発研修ほどムダなものはありません。
　従業員を自己啓発研修に参加させて，自己満足しているのは会社側だけです。たまにおめでたい従業員もいて，研修参加直後は変わった気がするのですが，２週間もすればハイ！　元通り。

　確かに人は他人を変えられませんが，自分自身が変わろうと思えば，変われるものなのです。ただ，人間は本来，無精者であり，新しいことは面倒くさく，「このままで良い」が本音なのです。

　従業員のほとんどが，この「このままで良い」という態度だと思うとゾッとしますが，社長はこういった組織風土を変えることができます。変えるためには，社長の本気度を社内に示してください。ただ，本気度を示すといっても，訳の判らないプロジェクトや間違った方向を示すのでは当然，拒否反応が出ます。

従業員で経営者の視点を持つ人は少数派ですが、上司を見る目は結構養っています。社長が目的達成のためのプロジェクトについて如何に本気なのかということを伝えることができれば、今後も会社にお世話になろうという従業員は協力します。実は従業員も社長のいい加減さ、気まぐれに飽き飽きしているかもしれません。そこで、社長の本気度をコミットメントする必要があるのです。

残業時間・ムダな労働時間削減、生産性向上の仕組みを作ることは、誰が考えても正しいことであり反対意見は出ようがありません。仮に出るとしたら感情的な反論です。この感情的な反論を含め、実は、表立って反対できないからこその問題が水面下でうごめく場合も想定されます。私自身、様々な経験をしましたが、その件については別の章で説明します。

社長が心底、本気で残業時間・ムダな労働時間削減、生産性向上の仕組みを作ることを宣言できれば（コミットメント）、実は、この取組みは半分以上成功したようなものなのです。

7　もうウンザリ？　既存の時短対策

社長の本気度が社内に伝わったのであれば、既存の残業時間・ムダな労働時間削減対策だけでは無理があります。そこで、既存の対策を確認してみましょう。

◆　社会保険労務士が提案する対策
・変形労働時間制（1か月単位、1年単位）
・フレックスタイム制
・みなし労働時間制
・定額残業代

これらの施策は支払い残業代を削減するには有効ですが、これらの施策を実施したところで労働時間は1分たりとも減りませんので、根本対策とはならな

いでしょう。ただ，残業代削減には有益な制度ですから信頼できる社会保険労務士に相談の上，導入が可能であれば是非導入すべきです。

◆　経営コンサルタントが提案する対策
　・ノー残業デー
　・午後６時に強制消灯
　・残業許可性　　　　　　　などなど

　これらは正に小手先の施策です。確かに小手先であっても導入当初は効果が出る場合もありますが，時間の経過とともに効果が無くなり元に戻るのであればまだマシですが，最悪の場合，タイムカード打刻後に隠れて残業，自宅に持ち帰り残業等のサービス残業の温床となってしまいます。
　ただ，これらの施策は簡単に導入できますので，どのような企業でも実施可能です。ということはそれだけ効果も期待できないのです。しかし，敢えていうなら，社長やその部署の責任者が徹底的に実施，監視するのであれば効果を持続させることも可能です。でも，この実務としての監視業務は果たして社長や部署の責任者の業務なのでしょうか？　そこまでしないと効果が出ないものは，制限速度を遵守させるための警察の取締まりのようで企業経営として適切なのか非常に疑問です。

◆　品質管理，改善コンサルタントが提案する対策
・改善制度，IE，VE等を活用した生産性向上
　これらの施策は導入が大変なだけあって効果持続が期待できます。ただ，注意していただきたいことは，どの作業の生産性を向上させるのか？　です。
　"生産性が悪いという"適切な根拠もなしに，「この作業の生産性を向上させよう」と取り組んだところで的外れになる可能性があります。さらに重要なことは"なぜ，生産性が悪いのか？"という着眼点です。
　生産性が悪い原因を突き止めずに，手間のかかる生産性向上への取組みをし

たところで，「しまった！生産性が悪い原因が別にあって，この作業プロセスの生産性向上を施したところで成果は得られない」となっては，それこそ時間とお金のムダとなります。

このように，生産性向上への取組みは手間がかかり，それなりの知識が必要になりますから，外部のコンサルタントから指導を受けることが多いと思います。しかし，4頁で説明したように"**子供にハンマーを与えるとやたら叩きたがる**"的なコンサルタント（自分の保有している知識で解決を図りたがる：本来は別の手法が問題解決に有効であるにもかかわらず）では意味がありませんね。

一般的に時短のための生産性向上への取組みは次のようになるでしょう。
　　　　　費やした時間が少ない　→　効果が少ない
　　　　　費やした時間が膨大　→　効果が大きい
要するに，費やした取組み時間数により効果も比例するのです。しかし，<u>この時間と効果の正比例の関係は，生産性向上についての適切な知識を持ち合わせた担当者が関与する場合です。</u>しかし，これらの知識の蓄積にはそれなりの経験が必要ですから付け焼刃で学んだ知識には限界があるでしょう。

もう1つ注意点として，時短について理解が浅い人ほど「作業のマニュアル化」「生産性向上」などと声高に叫びますが，「作業のマニュアル化」は全てに適用することではなく，状況に応じて必要なことであり，「生産性向上」についてはかなり専門的な知識が必要とされますので，漠然と手を付けるとそれこそ無駄になってしまうでしょう。

以上，既存の時短対策を確認しました。
変形労働時間制等は残業代（時間外手当）の削減であり，労働時間自体の削減ではありませんので，混同しないことが必要です。また，生産性向上は有益ではありますが，この手法をいきなり導入することは効果の点からみて疑問が

残ります。

　社会保険労務士は労働基準法等の労働関連法令のエキスパートですから変形労働時間制等については頼りになりますが，品質管理，改善等の知識は畑違いであり，その知識を求めること自体が間違っています。対して，経営コンサルタント，品質管理・改善コンサルタントは労働基準法等の法令に対しての知識は期待できませんし，仮に知識を有していたとしても法令遵守の責任がありませんので法令を逸脱した時短指導を実施してしまう可能性を否定できません。ということは，**時短を指導する専門家はいないのか？**　ということになりますが，答えは，「非常に少ない」ということです。また，どこにそのような時短指導を専門とする専門家（コンサルタント等）がいるのかの情報もほとんどありません。

　話は少々それますが，コンサルタントや士業（社会保険労務士，税理士，行政書士，司法書士等）は，顧客（見込み客）からの依頼を断る場合は稀（まれ）と理解してください。一般的な業務，例えば，社会保険労務士に労働保険加入手続きを依頼する場合や，税理士に税務申告を依頼する場合はどの社会保険労務士や税理士に依頼しても大した差はないと思いますが，細分化された業務を依頼する場合は気を付けてください。彼らは得意分野でなくても受託する場合が非常に多いのです。彼らと名刺交換する際，"取扱業務"として沢山列挙してある場合があります。その名刺の場合，実態は次のいずれかです。

・大人数の事務所で本当に列挙してある業務に対応できる
　（この場合でも本当にその業務の専門家が在籍しているのか不明）
・やってみたい業務が列挙してある

　要するに彼らは，「何とか処理できそうだ」レベルの業務でも受託してしまう可能性が高いのです。このこと自体は悪いことではなく，業界の常識なのかもしれません。私自身，駆け出しの頃は同じ状況でした（自戒・・・）。

以上のことから，
- 時短の専門家は非常に少ない
- コンサルタントや士業にうっかり時短を相談すると的外れな取組み方法を提案される恐れがある

ということになってしまい，

「では，一体，誰に時短を相談すればよいのか？」

と，なりますね。

そこで，社長は，誰か外部の人に相談する前に，自社で時短に取り組む前提で，この本を通読し，内容を理解した上で，「時短プロジェクト」を任せられそうな管理職にこの本を熟読させていただけませんか！

この本は，「まえがき」の3頁"② 残業時間を防止するための事例集的な解説本"ではなく，目的達成・問題解決のマネジメントシステムによる，残業時間・ムダな労働時間の発生，生産性向上のための仕組みを解説した本です。そのため，まずは，この時短のための仕組みである「時短マネジメントシステム」を理解していただきたいのです。

そして，ある程度表面的でも構わないのでこの「時短マネジメントシステム」を理解していただいた上で，「自社だけの取組みで根本的な時短を実現できる」と判断されればそれに越したことはありません。また，「やはり，外部の専門家の助けを借りたい」と判断され，社長が心底，時短への取組みに腹を括ったのであれば，社長自身で私にご連絡いただければと思います。私自身，超多忙な毎日で，直接指導させていただくことは難しいかもしれませんが，何らかのアドバイスができる可能性があります（中途半端な気持ちやヒヤカシでのご連絡はお控えください）。

ただ，絶対にご理解いただきたいことは，取組み当初に外部の専門家の力を借りたとしても，永久に指導を依頼したり，期限の定めのない指導はゼッタイに依頼しないでください。もちろん，継続的な指導ではなく，何らかのタイミングで個別に指導を依頼することやアドバイスを求めることまでは否定しませんが，自分たちの問題である時短への取組みの主役は従業員自身なのです。

マネジメントシステムは，自社中心で運用しなくては意味がありません。ですから，どんなに長くても外部の専門家の力を借りてよいのは3年以下と考えてください（できれば2年以下がベストです）。その後は自社だけで時短を実現するためのマネジメントシステムを廻さなくては意味がありませんし，**必ず，できるのです！**

既存の時短対策の問題点として，もう1つ付け加えさせてください。

◆ その場限りではなく，取組みを組織内に定着させ，継続的に改善していくためには，システムとしての時短への取組みが必要

時短への取組みは，前述の小手先手法では効果に疑問があることをご理解いただけたと思いますが，時短という目的を達成し，継続的に成果を上げていくためには，思いつきやその場限りの取組みではなく，システムとして半永久的に廻していかなくてはなりません。

この本は，時短のためにマネジメントシステムを用いた仕組みを解説した初めての解説本です。この仕組みは，マネジメントシステムですから全ての取組み内容が繋がっており，常に「その根拠は？」が説明できる仕組みとなっています。

本来，ものごとや現象には「根拠」が存在しており，「根拠のない活動や現象は本来認めるべきではない」のです（稀に「この人はなぜ私の上司なのか？」と根拠が見出せないこともありますが（笑））。

この本をお読みのあなたは，根拠の見い出せない小手先の残業削減対策ではなく，継続的に成果を上げるためのマネジメントシステムを廻すことにより，時短を実現してください。

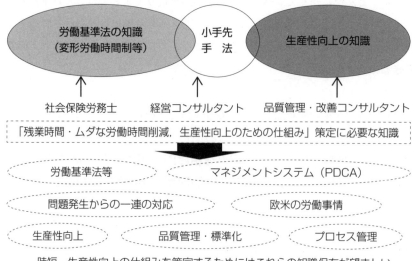

8　自社の信頼できる従業員に「時短実現の仕組み」を習得させる

　ここでの注意点は，社長自らではなく，信頼できる従業員に「残業時間・ムダな労働時間削減，生産性向上」の知識を習得させることです。

　もちろん，コンサルタントにすべてお任せで依頼してもよいのですが，「残業時間・ムダな労働時間削減，生産性向上」という時短への取組みは一過性のプロジェクトとして終了することではありません。

　マネジメントシステムとしてPDCAを廻していかなくてはなりませんので，外部の指導者にすべて頼りっきりでは仕組みとして定着しませんし，効果が頭打ちになります。この取組みをマネジメントシステムとしてPDCAを廻して成果を出していくためには，全て外部のコンサルタントにお任せするのではなく，自社の従業員を活用する必要があるでしょう。もちろん，この取組みの導

入期間は信頼できる時短コンサルタントに指導を依頼し，並行して自社の従業員への教育も依頼することは良いと思います。しかし，永遠に時短コンサルタントに依頼すること自体間違っていると言わざる得ません。

しかし，そこで1つ疑問がわきます。自社の時短を担当させる従業員に，先ほど"7　もうウンザリ？　既存の時短対策"で説明した，**社会保険労務士や品質管理・改善コンサルタント並みの知識を学ばせなくてはならないのか？**ということです。

その必要はありません。

前頁の「残業時間・ムダな労働時間削減，生産性向上のための仕組み」策定に必要な知識である"労働基準法"，"マネジメントシステム（PDCA）"，"プロセス管理"等の知識を一つひとつ習得しなくても，「残業時間・ムダな労働時間削減，生産性向上のために策定された仕組み」自体を習得することで，そのための仕組みを構築～運用～改善していくことが可能なのです。もちろん，この知識には社会保険労務士が得意な労働基準法はもちろん，品質管理・改善コンサルタントの必須知識である品質管理やQC 7つ道具，統計的手法等の知識が含まれますが，あくまで「残業時間・ムダな労働時間削減，生産性向上」のための知識であり，マニアックな労働基準法の解釈や，数学的な統計的手法を意味するものではありません。

その「残業時間・ムダな労働時間削減，生産性向上のために策定された仕組み」（ジタマネ）については「第5章」以降で詳しく説明します。その前に・・・。

9　問題発生には必ず原因がある

ここで1つ，強く認識していただきたいことは，

「問題発生には必ず原因がある」

ということです。

残業やムダな労働時間が発生しているということは，問題が発生しているということです。ですから，

・残業やムダな労働時間の発生には必ず原因がある
・生産性が悪い場合は必ず原因がある

ということです。

この残業やムダな労働時間の原因を突き止めずに，施策を施すことは，医者が腹痛の原因を特定できずに治療するようなものでしょう。もちろん，病気にも問題発生にも原因を特定できない場合は考えられますが，それは，原因が無いのではなくて特定できていないのです。ですから，必ず原因は存在します。

仮に原因を特定したところで，対策が打てない場合は他の対策を打てばよいのです。私の関与先でも，生産性が悪い原因が上得意客にあることを突き止めましたが，その時点では対策は施せず，他のアプローチで時短を進めました。

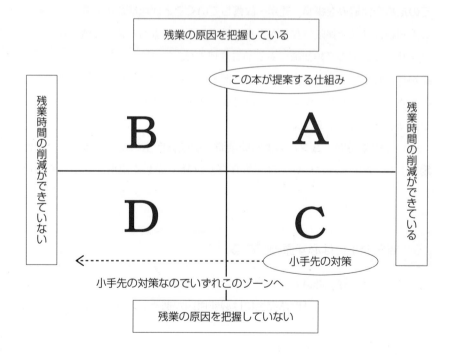

私が目指すことは上図の"A"のゾーンです。

"A"は，残業時間発生の原因を把握した上で，残業時間の削減ができている状態です。

"B"は，残業時間発生の原因を把握しているが，残業時間の削減までには至っていない状態です。

"C"は，残業時間発生の原因を把握していないが，残業時間が削減できている状態です。

"D"は，残業時間発生の原因を把握していなく，残業時間も削減できていない状態です。

一番良い状態は，もちろん"A"なのですが，"B"についても悪い状態ではありません。なぜなら，残業時間発生の原因を特定しているのですから，その原因をつぶせば残業時間の発生は押さえられますし，万一，つぶせない原因であったとしても，それは1つの結果として他のアプローチを取ればよいのです。

問題は"C"です。残業時間発生の原因が特定されていないにもかかわらず，たまたま残業時間が削減できてしまったのです。これはあくまでたまたま・偶然ですからいずれ，"D"のゾーン（残業時間が削減できない状態）に移行する可能性が非常に高いのです。この"C""D"のゾーンこそ正に「小手先の対策」なのです。

「できる」と「できた」の違いを認識してください。

「できる」とは，"できる"要因を掴んだ上で，計画に基づき実施した結果，「できる」のです。後述する"標準化"は，正にこの再現性を持たせるために非常に重要なのです。

「できた」とは，あくまで結果的に"できた"のであり，再現性が極めて低いのです。営業に置き換えると，たまたま"売れた"のであり，なぜ売れたのか分からない場合や，偶然に特需が発生した結果，売れただけなのですね。

例えば，私の関与先に，自動車ガラス関連の企業がありました。ある日，大型台風が襲来し，港に駐車してあった輸出予定の自動車のガラスが割れてしまいました。その結果，修繕のため，特需が発生し，その期は予想をはるかに超えた増収，増益となったことがありますが，それはあくまで自然災害（台風）という計画には含められない特需であったのです。

　残業時間・ムダな労働時間及び生産性が悪い原因を特定せずに，対策を施すことの無意味さをご理解いただけましたでしょうか。
　私の意見としては，そのように原因を特定せずに施す対策こそ，時間や労力のムダであり，即刻中止すべきです。これらの小手先の対策の性質が悪いのは，「成果が上がることがある」ということです。ただ，仮に成果が上がったとしても，その後，余計にヒドイ状態（午後〇時に強制消灯の結果，自宅に持ち帰るサービス残業の横行など）に陥るリスクもよく理解しておくべきです。

　小手先の対策で"できた"場合，原因も後付けしてもっともらしく語る場合がありますが，たまたまであることを理解してください。原因究明なしには，根本的な解決にはならないのです。

10　原因特定がヘタな日本人

通常問題が発生した場合のフローは，次の通りとなります。

[問題発生後のフロー]

```
問題発生
   ↓
応急処置：不適合処置
   ↓
原因追究
   ↓
原因を取り除くための再発防止策（是正処置）
   ↓
再発防止策（是正処置）のレビュー（確認）
```

　このフローは製造業で品質管理を担当された方やマネジメントシステムを深く理解している方であれば，ごく当たり前のことなのですが，非製造業の経験しかない場合，ほとんど理解されていません。

　また，品質マネジメントシステムに取り組んでいる企業の従業員であっても，"不適合処置"と"是正処置"を理解していないというか，区別のつかない方が多くいらっしゃいます。このことからも一般のコンサルタントの方が同様に理解されていない可能性が推察できます。

　企業が不祥事を起こした場合，記者会見場のひな壇に経営陣が上がり，頭を下げ，次のような台詞で謝罪しているところを何回もご覧になったと思います。
「今回は大変申し訳ございません。原因を突き止め再発防止に努めます」

　"努めます"って・・・。
　私は再発防止については義務だと思っています。大企業であってもこのレベルなのです（もちろんそのようなことは理解していて敢えて"努めます"と謝

罪している組織だとしたらCSR（corporate social responsibility：企業の社会的責任）上大問題ですが）。

そして，消費者やテレビ視聴者，新聞読者もその企業の不祥事については時間の経過とともに忘れてしまい，企業にとって思うツボになるのです。

マスコミの本来の姿勢として，「株式会社〇〇が〇年〇月に起こした〇〇問題について，その後，原因が〇〇と特定され，その再発防止策として〇〇が実施され，その再発防止策が有効であることが〇月〇日に確認されました」と報道すべきなのですが，マスコミの顧客である視聴者や読者が忘れてしまったことを敢えて報道しないのでしょうか。

ここでの問題点は，**日本人は謝って許してもらえたらおしまい**だと思っているのです！

問題が発生した場合，謝罪も重要ですが，二度と起こさないことの方が重要なのです（再発防止）。この再発防止のために，「なぜ，このようなことが起きてしまったのか？」の原因を追究して取り除かなくてはならないのです。

一例として，今，困っている人を救済することも重要ですが，困っている人をつくり出さない対策が必要なのです。

残業時間・ムダな労働時間は問題（不適合）なのです。その問題発生（不適合発生）の原因を追究し，対策を施すことにより，即，これらの時間がゼロになることは稀ではありますが，50時間を40時間に，40時間を30時間に，30時間を10時間に，10時間を0時間に削減しなくてはなりません。そもそも，あなたは「時間外・休日労働に関する協定届」（36協定）の"時間外労働（休日労働）をさせる必要のある具体的事由"欄をご存知ですよね。どのように記載してありますか？

・臨時の受注
・納期の変更

・クレーム対応　　　などなど。

　これらの事由はあくまで突発的な事由であるべきです。しかし，この突発的事由が常態化しており，「残業＝当たり前」になっていませんか？　この感覚自体が問題なのです。

　社長の中には「我社は月20時間分の定額残業代を支払っているので20時間以下であれば残業させても大丈夫」と高を括っている方もいらっしゃるかもしれませんが，定額残業代が否定される可能性も年々高くなっていますので，相当な注意が必要です。

　とにかく，「残業時間発生＝問題発生（不適合発生）」であることをよく認識してください。

◆　"不適合処置"と"是正処置（再発防止）"を混同しないこと！

　この台詞をこの18年間で1,000回以上様々な組織で伝えてきました。

　この本をお読みのあなたもこの２つの違いを理解していない方がほとんどではないでしょうか？

　そこで，ここでは，"不適合処置"と"是正処置"の違いについて詳細に説明するのではなく，私の関与先での事例を元に考えてみてください。

　＜A社の事例＞
社長「当社は慢性の人手不足ですわ」
私　「なぜ，人手不足なのですか？」
社長「求人募集をかけると，即，応募があり面接の上，入社させるのですが，
　　　１年の間に７，８割が辞めてしまうのです」
私　「それで，常に採用活動に追われ，実際に年中採用しているのですね。
　　　でも，そもそも，なんでそんなに離職率が高いのですか？」

　勘の良いあなたはもうお分かりかもしれませんが，従業員の退職に対して，

新しく補充することは単なる不適合の処置といえるでしょう。このままだと，永久に従業員を採用し続けなくてはなりません。

　従業員の採用についてはタダではなく，求人誌への広告料，面接者の賃金，新規採用者への教育訓練費用・給与等が必要です。さらに付け加えるなら，経験者以外の新入社員が入社すると，その新入社員に業務を教えなくてはならないので，非常に手間がかかります。

　以上のように，従業員の採用には手間暇，費用がかかり，このA社の場合，膨大な離職率に対しての従業員採用に伴い，手間暇，費用をドブに捨てているのと同じ状態でした。

　そこで，離職率が高い原因を一つひとつ現有従業員で洗い出していったのです。さらに原因を洗い出すために，離職を申し出た従業員にも「正直なところ，本当の離職理由は何ですか？　今後，入社するあなたの後輩のためにも1つ教えてもらえませんか？」と質問まで実施したのです。

　原因についてはここでは，明確にできませんが，離職理由と思われる原因を一つひとつつぶしていった結果，A社の離職率は驚くほど削減できました。

　このことこそ是正処置（再発防止）といえるでしょう。

　この是正処置（再発防止）の概念が時短活動でも非常に重要なのです。

　"不適合処置"と"是正処置"の関係や"問題発生のフロー"については，読者である社長さんに敢えて詳しく説明しませんが，ご興味ある場合，拙著の「『プロセスリストラ』を活用した真の残業削減・生産性向上・人材育成　実践の手法」（日本法令発行）をご覧ください。

11　原因を特定してこそ問題解決ができる。原因特定手法は難しくない！

　「残業時間・ムダな労働時間発生」や「生産性が悪い」という問題が発生している以上，その対策を打たなくてはなりません。そして，対策を打つために

は原因を特定することが必須条件です。

　原因特定手法はいくつかのアプローチがありますが，一番簡単な方法は「なぜ，なぜ分析」です。「なぜ，このようなことになったのか？」を確認していき原因を突き止めるのです。他にも，「特性要因図」を活用する方法もあり，いずれも難しい作業ではありません（他のアプローチもあります）。
　ただし，原因特定手法は難しくありませんが，安易な原因特定はよくありません。
　実際，私の関与先企業（建設業）で，協力会を巻き込んで改善活動を立ち上げ，様々な問題に対して原因追究を行い，その原因を取り去る再発防止処置（是正処置）を行いました。「その一連の記録を確認してください」と文書を郵送されたことがあったのですが，その内容は決して満足のいくものではありませんでした。問題は施工上の問題，顧客対応の問題等様々でしたが，原因特定としたそのほとんどが次の4つで占められていました。
・周知徹底不足
・教育不足
・思い込み
・うっかりミス
　このように建設業者として協力会社を巻き込み改善活動を立ち上げること自体は非常に立派ですが，特定された原因を確認する限り，とても成果が出せるものではありませんでした。申し訳ないとは思いつつ，この内容では成果は出ないことを伝えました。その企業は，問題発生後のフローを元に1時間ほどレクチャーしただけで大きく改善されました。

　このように原因追究は決して難しくないのですが，やり方を間違えると成果が出ませんので注意が必要です。

　真の原因を特定できない場合，その後の活動が全く無意味になりますし，原

因自体の追究ができない場合も想定されます。

　私の関与先で総務部の残業時間が問題となり，その残業の原因を追究しようとしたのですが，なかなか原因が特定されないのです。私も不審に思いつつ，「何か隠された事情があるのでは？」と全総務部員と面談等した結果，その会社の役員が原因であることが判明したのです。

　その組織の役員は，
- 本来，経営的判断を要する役員の業務を総務部員に判断させていた。
- 終業時刻以降に当日期限の業務を依頼する。
- 役員が判断すべき事項の返答が無く，その結果，次の作業プロセスに進められず困惑していたところ，急に返答してきて，更にごく短期間で作業を完遂するように命じる。
- 役員の都合で外出に付き合わさせる。

等の残業・ムダな労働時間が生み出されており，その対策にはほとほと参りましたが，社長の強力なバックアップにより全てではありませんが，いくつかの原因を取り除くことができ，残業・ムダな労働時間を削減することができました。

12　残業時間・ムダな労働時間を減らすことができない理由

　前述した，「問題発生には必ず原因がある」ということは，

　　　　・残業やムダな労働時間の発生には必ず原因がある

でしたね。ここまで明確に分かっていながら，なぜ，時短ができないのでしょうか？

　それは，次の４つの理由からです。
① "真の原因"追究の手法を知らない
② "真の原因"を追究できない（原因追究のためのツールが使いこなせない）
③ 原因を除去する対策が分からない

④ 原因を除去する対策が分かっても実施できない

　実はこれらのことは難しいことではないのです。ただ，今までそのような考え方をしたことが無いのです。しているつもりでも。

　私がよく話す事例として，「Ａ君がＢちゃんをいじめました事件」があります。
　このような話は，小学生の学級会でよく議題に上りますね。
　この場合，通常であれば，先生がＡ君に対してＢちゃんをいじめないように注意します（これはいわゆる小手先の残業削減の手法：ノー残業デーの設置等）。
　しかし，少し考えてみるとＡ君はなぜＢちゃんをいじめたのでしょうか？
　原因を追究したところ，ＢちゃんがＡ君のお母さんの悪口を言っていたとします。であれば，ＢちゃんにＡ君のお母さんの悪口を言わせないことが必要です。さらに，なぜ，ＢちゃんはＡ君のお母さんの悪口を言っていたのでしょうか・・・。このように，なぜ，なぜで原因追究していくことにより真の原因を着きとめられるのです。
　以上は，原因追究について難しくないことを説明したのですが，他の理由も決して難しいことではなく，時短のためのマネジメントシステムの仕組みを学ぶことにより解決できるのです。

13　社長，お願いします！

　このような本を書いている私でさえ，かつては，月400時間以上働いたことも数え切れず，有給休暇取得０日，病欠なんかしたこともなく，労災事故にあっても通常出勤でした。それに比べると今の従業員は楽しているのかもしれません。でも，時代が違うのです。社長，あなたが優秀な経営者であれば，時代の趨勢に合わせていくことも必要ではないでしょうか！

そのためにも，残業時間・ムダな労働時間削減，生産性向上に取組み，今以上に社会から評価され，利益体質の企業にしていただきたいのです。

　そのためには，社長がこの本で解説している時短への取組みを開始するというたった1つの決断をしてください！　その先に得られる果実として「高利益体質企業」や「人手不足の解消」はもとより，「働くことに制約のある人」（子育て中の人，持病がある人，介護者を抱えている人，家事と両立が必要な人など）の就労の機会が増えるのですから。

第2章
どこまで非効率なのですか？
日本人の働き方は最低？

1 なぜ，欧米は労働時間が短いのか？ 日本人は非効率な民族？

　私自身，今まで時短専門家として活動していましたが，強く「残業時間・ムダな労働時間削減，生産性向上を推し進めなくてはならない！」と感じたのは，某マネジメントシステム規格の調査で北欧スウェーデン（規格策定の議長国）に出向くようになったことがきっかけです。

　スウェーデンには2011年から2013年の間で計4回訪問しました。その中でも，一番苦労したのは日程調整でした。
　相手はスウェーデンの政府関係者，準公的機関の担当者，大学の先生，大企業の担当者等ですが，私が訪問したい日程と相手方の長期休暇が重なり，特に5月，6月，8月の訪問時は大変！
　そのスウェーデンで，私も職業柄，欧米の労働時間や休日・休暇数等の実態を某マネジメントシステム規格の調査でお世話になったスウェーデンの方，Linnaeus University（Växjö）の大学の先生，現地日系企業（Göteborg）に勤務の日本人の方からレクチャーを受けたり，自力で調べたところ，非常に興味深いものがありました。その一部を記載します。
- 労働者1人の年間平均労働時間（2013年）
　スウェーデン：1,607時間　　ノルウェー：1,408時間
　日本：1,735時間（この数字は疑義あり。後程，説明）
　（以上はOECD年間併記労働時間データによる）
- 残 業 時 間
　スウェーデンは日本に比べて残業時間が少なく，法律で月50時間以上，年

200時間以上の残業は禁止されています。
- 有給休暇付与日数

    スウェーデンでは企業は労働者に対して，最低5週間（25日）付与しなくてはならず，労働者は通常夏季に4週間ほど取得しています。
- 女性の就業率（2012年）

    スウェーデン：82.5%　　ノルウェー：82.1%　　日本：69.2%

    数値だけ見るとスウェーデンと日本の差は13.3%ですが，正社員比率はスウェーデンの方が圧倒的に高い数値となっています。
- 労働生産性（2012年）（OECDデータベースをもとに日本生産性本部作成データ）

    スウェーデン：88,237ドル（10位）　　日本：71,619ドル（20位）

    ノルウェー：127,147ドル（2位）
- 社内身内のための仕事は極力排除

    上司を納得させるための業務や目的の見出せない業務は極力排除しています。
- ワーク・ライフ・バランス

    スウェーデンではワーク・ライフ・バランスが進んでいると言われています。ワーク・ライフ・バランスとは何か？　という議論はさておき，一般的な世界からの評価です。

　これらの実態やデータだけで全ての判断はできませんが，1つ言えることとしてスウェーデン（スウェーデンに限らず多くの欧米諸国）は，休暇も多く，残業も少ないという，要するに労働時間が日本より遥かに少なくても，ある一定の世界的な地位を得ています。対して，わが国日本はこれだけ，残業を重ねて，有給休暇取得日数も低い状態で頑張って，何とか世界的な地位を得ています。ということは，私たち日本人はトンデモナク非効率な民族なのでしょうか？

第2章 どこまで非効率なのですか？日本人の働き方は最低？

そのようなことはゼッタイにありません！

　私たち日本人が非効率なのではなく，必ず原因があるはずです。私たち日本人の長時間労働の原因を突き止め対策を施すことにより，長時間労働は是正されるはずなのです。

2　真に受けてはいけない平均労働時間データ

　労働者1人当たりの年間平均労働時間について，日本は1,735時間（2013年）であることは前述しました。

　まさか，この年間平均労働時間1,735時間を信じていませんよね？

　ご存知の通り，わが国の法定労働時間は週40時間です。となると，年間では2,085時間ですね。この2,085時間は次の式で計算します。

$$365日 \div 7日 \times 40時間 = 2,085時間$$

（まず，1年365日が何週間あるのか計算して［365÷7］，1週間当たりの法定労働時間である40時間を乗ずる）

　では，わが国の労働者1人当たりの年間平均労働時間が，1,735時間ということは，2,085時間より300時間も少ないのです。日本も欧米諸国並みに時短が進みました！　と，言いたいところですが，それは大きな間違いです。

　「労働時間の経済分析」（山本勲，黒田祥子著，2014年4月，日本経済新聞発行）には，興味深い研究成果が解説されており，幾つか内容を引用させていただきます。

　同書の中には，日本人の労働者1人当たりの年間平均労働時間は，OECD統計では1970年代には2,100時間を超えており，現在では1,800時間を下回るよう

になりましたが，この平均労働時間の減少は，労働時間の短い非正規労働者が増加したことに大きく起因しており，正社員労働者は現在も長時間労働しているとも言われていると指摘されています。また，ODCDデータは主に「毎月勤労統計調査」（厚生労働省）に基づいていますが，このようなデータは「賃金を支払った時間」を問うために，不払い残業代や，残業代支払いの対象ではない管理監督者の労働時間は把握しにくい点が指摘されています。

我が国の時短は進んでいない！

　結局，1986年と2011年ではフルタイム雇用者の平均労働時間は同水準であることが明確にされています。ちなみに，同書は，時短を進める上で非常に有益な内容が含まれていますので，全てを熟読することは難しいとしても，その都度，必要な情報を取得するためには，時短を進める企業としてバイブルとして手元に置いておきたい本であると思います。

3　ムダが多すぎる！　馬鹿げたことで残業している実態

　ただ，私たち日本人はムダな働き方をしていることは確かだと思いませんか？　ざっと考えただけでも幾つか出てきます。

- 残業している従業員が高評価を得る社風
- 課長は，部長を納得させるための資料を係長に作成させる
- 上司より先に帰宅し難い
- ムダなおしゃべり
- 勤務中のスマートフォン操作
- わがままな顧客への対応
- 目的が見えにくい会議への出席　　　　　　などなど

これらすべてが当てはまるわけではありませんが，ムダな働き方の原因となっている可能性が多いにあります。ただ，安易に原因を特定しないでください。

安易に特定した原因への対策は的外れになる可能性がありますので。

再度，書きますが，残業やムダな労働時間発生，生産性が悪いことには必ず原因があります。その真の原因を特定し取り除けば，必ず改善できるのです。

前述の通り，問題には必ず原因があるのですから，馬鹿げたことで残業している事例として"残業している従業員が高評価を得る社風"の原因を追究してみたいと思います。

なぜ，社長や上司は残業を奨励する態度を取るのでしょうか？

それは，従業員ごとの成果が見えにくい場合，「労働時間が長い＝頑張っている」と，評価しがちなのです。

このことは，従業員を評価するモノサシが無い場合（もしくは不明確）であり，少々きつい言い回しをしますと，社長や上司は残業時間でしか従業員を評価できないという能力不足の状態なのです。もちろん全てに当てはまるわけではありませんが，1つの考え方として社長は胸に手を当てて考えていただきたいのです。

社長の立場から言うと，「成果が上がっていれば労働時間が短くても何ら問題は無く，その方が有り難い」のです。

そうなのです！ 誰だって（社長，従業員）好き好んで長時間働きたくないのです（働かせたくない）。確かに一部は残業代を稼ぐことが目当てで残業する従業員もいるとは思いますが，そのようなブラックな人は少数派でしょう。

とかく日本人は「身内のための業務」で残業していることが多いのです。

このように，会社にとっても従業員にとっても意味のないことは真剣に是正していく必要があるのです。そのためには，残業時間・ムダな労働時間の原因を追究し，取り除き改善していくマネジメントシステムに取り組むことが必要であり，小手先の対策や制度の導入では到底，時短は実現できないことに気が付いていただきたいのです。

4 ワーク・ライフ・バランスに惑わされないで

ここ数年，ワーク・ライフ・バランスの必要性が謳われており，企業にとっても避けて通れない話題のようです。ただ，"ワーク・ライフ・バランス"という文言だけが先走り過ぎ，実態がつかめない状況にあると感じるのは私だけでしょうか。

私のワーク・ライフ・バランスを実現している企業の定義とは，

多様な働き方を受け入れ，実践する組織風土の構築

と，理解しています。

要するにワーク・ライフ・バランスは到達点ではなく，多様な働き方を実現・許容するためのプロセスではないでしょうか。ですから，「ワーク・ライフ・バランス＝フレックスタイム制等の導入」みたいな考え方ではなく，ワーク・ライフ・バランスを実現することにより，その先に実現できることが幾つもあると思うのです。そして，実現することによって，生活（大袈裟に言えば人生）を豊かにすることができるのだと思います。

ワーク・ライフ・バランスは人生を豊かにするツール

以上のように考えると，ワーク・ライフ・バランスをツールとして使いこなすには，残業やムダな労働時間発生，生産性が悪いことを是正しなくてはなり

ません。

　残業やムダな労働時間発生を極力排除して，生産性を上げることができれば，今後，実施される国の施策に対しても対処できることがかなり増えるでしょう。

| 5 | 残業時間を減らさないと今後の法改正に対応できない？ |

　現在，労働環境に関する様々な法令等が検討されています。

[現在，議論されている今後導入検討の施策]

　　・有給休暇消化義務化
　　・労働時間上限制
　　・インターバル規制
　　・女性の活躍推進法案
　　・若者雇用対策法案

　「女性が活躍できる社会環境の整備の総合的かつ集中的な推進に関する法律案」は，2014年末の衆議院解散により廃案になりましたが，内容を見直した上で再度，議論される可能性が高いと思われます。
　同法案は廃案にはなりましたが，政府の義務として労働者団体及び事業主団体と緊密な連携を図りながら，時間外・休日労働に係る労働時間の大幅な短縮促進が規定されておりました。

　「若者雇用対策法案」も経営者にとって非常に気になる法案です。
　主な内容として，
① 　サービス残業などの違法行為を繰り返す企業の求人の受付をハローワークは拒否できる
② 　労働条件の適切な表示
③ 　求人企業の就労実態を積極的に開示

④　雇用した従業員の定着状況が優良な中小企業の認定制度及び助成金支給

　これらの内容として気になるのが"④"です。この中小企業に対する認定基準については執筆時ではあくまで"案"の段階ですので詳細には触れませんが，"認定基準"に到達するためには，この本に書かれている時短への取組みが必要になることは言うまでもありません。

　この本の内容に沿って，時短を実現できることにより有給休暇取得率の向上，残業時間の削減が実現でき，結果，離職率の低下につながるでしょう。

　これらの事は，まさに"仕組み"でのみ実現でき，小手先の「ノー残業デー設置」「午後〇時に強制消灯」では実現できません。

　さらに懸念事項として，このように，"認定制度"や"助成金支給"が絡むと，不正が行われる可能性も否定できません。具体的には，「"認定制度"や"助成金支給"の基準に達成したことにする」です。

　このような"不正"に巻き込まれないためにも，"仕組み"として，時短に取組み，「残業時間・ムダな労働時間発生　→　悪」「生産性向上　→　善」とした組織風土の構築が必要でしょう。

　他にも，今後は如何に労働時間を削減していくのかという国の方針は誰でも理解できると思います。そのためには，現時点でムダな労働時間が発生し，ムダな残業手当が支払われている企業に限らず，全ての企業で残業やムダな労働時間発生の抑制，生産性向上への取組み（「時短マネジメントシステム：ジタマネ」）が必要でしょう。

| 6 | 当社は残業代（時間外労働手当）を支払っていないので関係ありません |

　残業代（時間外労働手当）を支払っていない（発生していない）という企業の代表的な理由を次に示します。

① 管理・監督者であるため
② みなし労働時間制の対象者であるため

また，定額残業代の問題点や，本来，残業代（時間外手当）を支払わなくてはならないにもかかわらず敢えて支払っていない企業（いわゆるブラック企業）が存在していることも否定できません。

残業代（時間外労働手当）を支払っていない（発生していない）理由が"①管理・監督者であるため"の場合，果たして問題ないのでしょうか？

そもそも"管理監督者"には，次のような定義があります。

◆ 経営者と一体的な立場で仕事をしている

"経営者と一体的"は非常に重要なキーワードです。単に，課長の肩書が付いていたとしても実態で判断されます。私の過去の関与先は，5人の会社で，社長1人，部長2人，課長2人の会社がありましたが，この場合，課長はもちろん部長でさえも"経営者と一体的"とは考え難いでしょう。実際，工場長という肩書が付いていても管理監督者として認められなかった判例もあります（橘屋割増賃金請求事件：大阪地裁　昭和40年5月22日）。

そもそも20人以下の組織で役員以外"経営者と一体的"な人材はいるのでしょうか。36頁の日本人のムダな働き方の事例として"課長は，部長を納得させるための資料を係長に作成させる"を出しましたが，この事例の課長は自ら経営判断できるわけではないので管理監督者とするのは非常に疑問が残ります。

◆ 出退勤について裁量権がある

管理監督者は出社時刻，退社時刻及び勤務時間について大幅な裁量権があります。始業時刻から2時間遅刻した場合でも給与の減額はあり得ません。

◆ 管理監督者として相応しい待遇を受けている
　給与，地位等の扱いが一般従業員に比べて，管理監督者として相応しい待遇を受けていることが必要です。間違っても役職手当２万円では相応しい待遇とはいえないでしょう。

　いかがですか？　あなたの会社で管理監督者として扱っている管理職は，管理監督者として否定される可能性が非常に高いのではないでしょうか？　仮に管理監督者として否定された場合，未払い残業代の請求を遡って起こされる可能性があります。
　そのような事態にならないためにも（仮にそのような事態になったとしても），管理監督者のムダな労働時間を極力排除しておく必要があります。
　この管理監督者の問題は，上場企業や大企業であっても他人ごとではなく，むしろ中小企業より大きな問題といえるでしょう。
　実際，一流企業（何を尺度に"一流"とするかはさておき）の課長職については非常に危険な状態かもしれません。現在では，あまり表面化しておらず，かつ，一流企業はそれなりに賃金が高いので，管理監督者として完全否定されるか否かはここでは議論できませんが，前述の管理職としての定義をよくよく確認していただきたいと思います。
　最近では，CSRの観点から適正企業との取引が要求され，欧米の企業を顧客に持つ日本企業に対して欧米企業からの要請でCSR監査が行われており，当然，労務についても監査対象となっております。

　みなし労働時間制として，
　・事業場外労働
　・専門業務型裁量労働制
　・企画業務型裁量労働制
の３つがありますが，大きな注意点として，
　・そもそもその業務がみなし労働時間制にあてはまるのか？

・設定したみなし労働時間数が適切なのか？
　例えば，"事業場外労働"として，みなし労働時間制を採用している場合，「営業職＝事業場外労働」と一律的に扱っていた場合は非常に危険です。携帯電話やメールが浸透した現在では，使用者の具体的な指揮監督が及ばないことは想定し難いので該当する場合は少ないといえるでしょう。

　また，昨年，旅行添乗員の事業場外みなし労働時間制が否認された判決が出され（残業代等請求事件：最高裁：平成26年1月24日），業界に激震が走りました。なぜ，激震が走ったのかといいますと，旅行添乗員を自社の営業担当者に置き換えて想像したからでしょう（自社の営業担当者のみなし労働時間が否定されたらどうしよう！）。詳細については，労務系の月刊誌である「ビジネスガイド　2014年5月号」（日本法令）の「初の最高裁判断！『事業場外みなし労働時間制』適用をめぐる判決の分析とこれからの労働時間管理」を参照してください。私も同誌に，同判決を受けて「真の残業削減を実現する！『営業職』の労働時間短縮のための業務見直しのポイント」を執筆させていただきました。

　"設定したみなし労働時間数が適切なのか？"についても頭の痛い問題です。そもそも，労働したとみなす時間の設定が適切なのでしょうか？　仮に「労使協定」で"1日8時間労働するものとみなす"と規定してある場合，その"8時間"は適切なのでしょうか？

　問題としてもう1つ付け加えておきますが，会社（使用者）は，従業員の労働時間を適切に管理する責務を有していますが，その対象から管理監督者と，みなし労働時間制が適用されている従業員は省かれません（在社時間の把握や労務を提供し得る状態の時間帯の把握の必要性）。管理監督者とみなし労働時間制が適用されている従業員についても健康保護を図る必要性から会社（使用者）は適正な労働時間管理を行う責務があります（労働時間の適正な把握のた

めに使用者が講ずべき措置に関する基準：平成13年4月6日付け基発第339号）。

　以上，残業代（時間外労働手当）を支払っていない（発生していない）という企業のリスクの可能性を説明しましたが，具体的には，次のリスクが存在します。
- ・5名いる課長全てについて管理監督者を否認され残業代遡り請求
- ・みなし労働時間制の対象者として否認され残業代遡り請求
- ・みなし労働時間数の設定が少なく残業代遡り請求
- ・定額残業代を否認され残業代遡り請求
- ・支払っていなかった残業代遡り請求

　これらのリスクを無くすもしくは緩和するためにも，残業やムダな労働時間発生防止対策と生産性向上対策を今すぐにでも始める必要があるのではないでしょうか。

　この本に書いてある小手先ではない真の残業時間・ムダな労働時間削減手法について，あるコンサルタントに話したところ信じられない助言を受けました。
某コンサル「残業を減らすために，そのような面倒なことをしなくても，残業時間の上限を決めてしまえば，残業手当は削減できる」

　えっ？　これはどういうことでしょうか？　残業の上限を月10時間とした場合，
- ① 月10時間を超える残業は申告しないでサービス残業にする
- ② 月10時間を超える場合は自宅に持ち帰り，自宅でサービス残業する
- ③ 月10時間を超える残業は申告してきても残業手当は支給しない
- ④ 月10時間を超えた場合，やるべき仕事が残っていたとしても処理しない
- ⑤ 上限を超えないために一生懸命頑張って残業時間を10時間に抑える

　"①②③"はいずれも法令違反であり，遡り請求される可能性があります。また，"④"のような事態が起これば組織は廻りません。では，"⑤"は？　こ

んな都合の良いことがあるのでしょうか。仮にあったとしたら，実は10時間を5時間に抑えることができるのではないでしょうか。

正に①②③④⑤のような企業の社長こそ，小手先ではなく，残業時間・ムダな労働時間の原因と，生産性が悪い原因を適切に追究した上で，当取組みを実践する必要があります。

ちなみに，前述の発言をしたコンサルタントは，法人経営ではなく個人経営のコンサルタントです。他人を雇用した経験が無いことがこのような発言をした原因なのか，大企業で「36協定」の上限時間以上の時間外手当を支給されていない経験者なのか・・・。

7 過重労働解消キャンペーンにおける重点監督実施状況結果

この調査は2014年11月に実施された厚生労働省が実施したものです。ただ，その対象は"長時間の過重労働による過労死等に関する労災請求のあった事業場や，若者の「使い捨て」が疑われる事業場など，労働基準関係法令の違反が疑われる事業場に対して集中的に実施したもの"であるため，このデータをそのまま全ての事業場に当てはめることの是非はありますが，1つの結果としては非常に重たい内容になっています。

◆ 重点監督実施対象の83.6％で労働基準関係法令違反

重点監督対象の4,561事業場のうち，約83％に当たる3,811事業場で労働基準関係法違反が認められました。その中でも特に製造業と商業の違反が多く認められました。

◆ 違法な時間外労働があった事業場が50.5%

　50％超の2,304事業場で違法な時間外労働が（「36協定」未締結，「36協定」で締結した限度時間を超えた時間外労働実施）認められました。

　その中でも，
　　・月100時間を超えるもの：715事業場（31.0％）
　　・月150時間を超えるもの：153事業場（6.6％）
　　・月200時間を超えるもの：35事業場（6.6％）

◆ 賃金不払い残業があった事業場が20.9%

　20％超の955事業場で賃金不払い残業が認められました。このデータには賃金の計算誤りは含まれていませんので，純然たる違反といえるでしょう。

　具体的な悪質事例として，正社員のうち，各部門の長以下の専門職全てを管理監督者として扱い，時間外労働に係る割増賃金を支払っていなかった事例も挙げられています。

　当該，重点監督実施の結果は氷山の一角であり，全ての事業場にとって"対岸の火事"で済まされないのではないでしょうか。

| 8 | 社長自身が「このままで良い！」と思っていませんか？ |

　会社で何か新しい取組みをしようとすると必ず反対したり難癖をつける従業員はいませんか？

　彼らは，とにかく「このままが良い！」のです。この，甘々の温かい居心地の良い状況を変えたくないのです。実際には"甘々"ではないのですが，新しいことに取り組むのは面倒くさくこのままが良いのです。そして，会社ぐるみでムダを垂れ流しているのです。

このように書くと従業員はロクな人がいないように思えますが，実はその逆なのです。私の経験では次の構成です。

A 自分で考え行動できる優秀な従業員：10％
B 言われたことをこなせる従業員：80％
C 言われたこともできずもしくはやろうとしない従業員：10％

要するに"A"と"B"の従業員は，社長の姿勢次第で会社に協力してくれる人材なのです。そうです，<u>従業員の90％は社長の味方なのです！</u>
確かに面倒くさいことはやりたくありません。でもやりたくないのは，
<u>ムダな面倒くさいこと</u>
です。会社にとって必要で目的が明確で，かつ，社長の考えがブレないことが従業員に伝われば協力してくれます。そして，さらに良いことが・・・。
"C 言われたこともできずもしくはやろうとしない従業員"，いわゆる問題従業員も徐々に排除していけます。

社長が残業・ムダ労働時間削減，生産性向上の方針を打ち立てブレずに行動し，組織全体の方向性が一致していくことで"C"の問題従業員は会社にいづらい雰囲気になります。そこで，自分自身が「変わろう！」と思うのか，退職の道を選ぶのかは分かりませんが。

このような問題従業員排除のスピードを"徐々に"と書きましたが，そこは辛抱のしどころです。実は，aさんからtさんの20人の従業員がいる場合，問題従業員であるs，tさんが退職し，代わりにu，vさんが入社して20人になった場合，新しくrさんが問題従業員に昇格する可能性があるのです。ただ，問題従業員の割合は徐々に減らしていくことができます。最初は20％だったのが15％，10％，5％，0％と。ですから，社長自身は決して，
「このままで良い」とは思わないでください！

残業・ムダ労働時間削減，生産性向上は１日でも早いほうが良いのです。それだけ，純利益が１日早く出るようになりますから。

9 残業・ムダ労働時間削減，生産性向上を妨害する最大の敵とは？

　残業・ムダ労働時間削減，生産性向上への取組みは（「時短マネジメントシステム（ジタマネ）」），誰が考えても良いことであり，反対する理由が見当たらず，よって，妨害者など存在しないと思われていませんか？
　しかし，妨害者（敵）は必ず存在します！　代表的な敵を見てみましょう。

◆ 残業代を減らされては困る従業員

　残業代込で生活設計している従業員のことですね。例えば，
　基本給：230,000円　　　残業代：50,000円　　　合計：280,000円
　280,000円で生活設計している場合，50,000円の残業代が無くなると非常に困ります。ある人の話では，バブル時代に残業代を膨大に受領しており，その残業代をあてにして住宅ローンを組んだのですが，バブル崩壊後，残業代が無くなってしまい，終業後にファミリーレストラン等でアルバイトをして凌ごうとしたのですが，結局，ローンが払いきれずに自宅を売り払ってしまったという例があります。
　このような従業員は非常に厄介です。表向きは「残業は辛い，残業は無いほうが良い」と正論を唱えていますが，本音としては残業代が支給されないと大いに困るのです。このような従業員は全てではありませんが，残業・ムダな労働時間削減，生産性向上への取組みに対して水面下で妨害をしてきます。
　この手の水面下での妨害者として一番多い役職者は，管理監督者１つ手前の役職者が多いのです。彼ら・彼女らは現に時間外手当を手にしており，その手当を逃したくないために，後輩や部下の業務が煩雑になるように仕向けたり，敢えて多忙を理由に決裁や確認行為を遅らせることにより業務のボトルネックを作っています。彼ら・彼女らは一見は，前向きに業務に励んでおり，あから

さまな妨害ではないので最初のうちは発見し難いのですが、原因追究の手法を活用することにより徐々にその姿を現してきます。その時に、協力姿勢に転じるのかもしくは開き直るのかに分かれます。

そのような妨害行為に対して社長は毅然とした態度で臨まなくてはなりません。場合によっては「就業規則」の改訂が必要になるでしょう。残業・ムダ労働時間削減、生産性向上への取組みという正しい活動への協力を規定する内容であれば不利益変更には該当しないので「不利益変更に該当するのでは？」とあまり神経質になる必要はないでしょう。

実際、私の関与先企業でも水面下の妨害はもちろん、あからさまな妨害もありました。ただ、あからさまな妨害者に対しては対応も比較的楽なのですが、この水面下での妨害者に対してはそれなりの工夫が必要です。ただ単に、自分に支給される給与総額が減ることだけを認識させるのではなく、その先に有る会社の姿をイメージさせなくてはなりません。場合によっては、時短や生産性向上に対する先付の約束的な労働条件アップを提示することも必要かもしれません。

◆ 自分の担当業務の処理方法を教えたくない従業員

残業・ムダ労働時間削減、生産性向上を推進するためには次のことも行わなくてはなりません。

・誰でも処理できるようにする（標準化）

・スキルを共有する（多能工化）

これらのことを行うためには、現在、その業務を処理している担当者が業務処理方法を開示しなくてはなりません。しかし、彼らは開示しようとしないのです。ひたすら隠します。なぜか？　自分以外に自分が担当している業務を処理できるようになったら自分の会社での立場が危うくなると本気で考えているのです（疑心暗鬼従業員）。でも、よく考えてみてください。その担当者が持っている業務処理のスキルは会社で給与をいただきながら身に付けたスキルですよね？　と、言うことはそのスキルは会社の資産でもあるのです。その会

社の資産について，金庫に鍵をかけて出さないようにするとはとんでもない従業員です。

ただ，そのような従業員の気持ちも理解できます。そのような場合は，「この取組みはあなたの仕事を奪うのではなく，あなた自身が楽になるための取組みなのですよ」と伝えなくてはなりません。

◆ 社長や役員が直接伝える

この本は中小企業の社長を読者と想定し書いています。よって，失礼ながらあなたの会社の組織はそれほど巨大ではないハズです。だとしたら，社長や役員自らが，自分の金庫に鍵をかけてスキルを出そうとしない従業員に前述のことを伝えなくてはなりません。

◆ 社長はヒーローであるべき

社長は残業・ムダ労働時間削減，生産性向上への取組み（「時短マネジメントシステム（ジタマネ）」）を直接，現場で実施する必要はありません。ただ，このように取組みがピンチに陥った場合，ヒーローとして助けてあげてください。どんなに小さな組織であっても社長の台詞（セリフ）は非常に重いのです。その重いセリフでプロジェクトも疑心暗鬼の従業員も救ってあげましょう。正直，社長は「良いとこ取り」でいいのです。

第3章
時短，生産性向上の仕組みを構築，定着，改善していくために必要なこと

1 成功するプロジェクト，失敗するプロジェクト，その差は何か？

　コンサルタントとして250回以上，監査・審査業務として750回以上プロジェクトの成否に携わってきましたが，成功するプロジェクトと失敗もしくは頓挫してしまうプロジェクトの違いを自分なりに理解した結果は次の通りです。

　ただ，「残業時間・ムダな労働時間削減，生産性向上の仕組み構築（「時短マネジメントシステム（ジタマネ）」）はプロジェクトですが（プロジェクト＝期限がある），その後，継続運用していきますので取組み自体は永久に続くと理解してください。

◆ 現状をよく把握すること

　プロジェクトに取り組むとき，何か解決しなくてはならない問題や達成すべき目標がある場合がほとんどなので，「とにかく早くとりかかろう」という想いが強いことは理解できるのですが，これは失敗の原因になります。まず，一歩下がって現状をよくよく把握することが必要です。この"一手間"が非常に重要です。

◆ 真に必要な知識を予め備える

　次にプロジェクトを成功に導くにはどのような知識が必要なのかを最初の段階で明確にする必要があります。そして，その明確になった必要な知識を習得した上でプロジェクトに取り組むのです。この"必要な知識の習得"は，社長自身が深く理解する必要はありません。社長が任命したプロジェクトリーダーやメンバーに必要な知識ですから。

私の関与先である食品専門のトラック業者が，食品安全のマネジメントシステムに取り組んだときの話です。いきなり食品安全のマネジメントシステムに取り組んでも成果が頭打ちになることは理解していました。そのため，私が指導させていただく条件として，事前に，「マネジメントシステム（PDCA）」「プロセス管理」「品質管理」の知識について徹底的に学んでいただきました。その結果，食品輸送業者としてやるべきこと・必要なことの理解が容易になったため，仕組み構築の際に従業員からよく出てくる，「面倒くさい」「やりたくない」「忙しい」等の反論が一切なくスムーズに導入できました。正に「急がば回れ」でした。

◆　段階ごとの到達点を予め決めておく

　残業時間・ムダな労働時間削減，生産性向上の仕組み構築については，期限ごとの到達点をあらかじめ設定しておく，要するに明確な計画を立案しておく必要があります。この計画が無いと，遅れても気になりませんし，気が付けばプロジェクトがフェードアウトなんてこともあり得ます。計画が存在していれば遅れた場合に取り戻せますよね。

◆　できない理由として「忙しい」を理由にしない

　社長の肝いりで始まったプロジェクトもいわゆる"中だるみ"が生じることがあります。そのようなときに限って忙しくなったり・・・。とにかく，プロジェクトが動かない理由として「忙しい」は禁句にしてください。誰だっていつだって忙しいのです。実際，どんなに忙しくても突発的な問題が発生すれば対処できますね。

　当プロジェクトは予め計画されていますので「忙しい」は理由になりません。ただ，例外としてプロジェクト当日にメンバーに労災事故が発生して入院してしまった場合などは致し方ないでしょう。逆にこのような突発的な緊急事態以外は予め決められた日時にプロジェクトを実施してください。

　このことは，前述の"◆　真に必要な知識を予め備える"に対応しておけば

防ぐことができます。

◆ だれか１人に押し付けない（プロジェクトリーダーはオペレーターに徹する）

だれか１人に押し付けたプロジェクトは様々な歪が生じます。理由は簡単です。その押し付けられた従業員が相当無理しているのですから。

また，プロジェクトはリーダーを決めますが，そのリーダーに作業を押し付けることは止めましょう。いつも私からお願いしていることは，「プロジェクトリーダーは作業を自ら行わないで，オペレーターに徹してください」ということです。

オペレーターに徹するということは，「○○さんこの文書を作成しておいてください」「○○さんはこのデータを調べておいてください」などのように作業等を指示することです。決して，プロジェクトリーダー自らがデータを調べ，文書を作成し，承認を仰ぐ等の作業はしないでください。

◆ 未熟な専門家に頼らない

残業時間・ムダな労働時間削減，生産性向上の仕組みを構築することができるコンサルタント・指導者は非常に少数であることは説明しましたが，だからといって，安易に妥協してコンサルタントを決めないでください。

時短コンサルの事例ではありませんが，私が今まで遭遇した関与先の中で，「コンサル料金は最後の分まで支払いますのでもう来ないでください」と担当コンサルにお願いした企業の事例がありました。

当該，関与先企業に後任コンサルタントとして縁あって出向いた際，上記のことを社長が仰っており非常にびっくりしました。それも２社も！　そのうちの１社は，従前のコンサルタントを解任した直後，自分たちだけでプロジェクトを進めようとして，取組み実績がある同業者の状況を参考にしたのですが，その同業者ではプロジェクトリーダーが部長だったので，「プロジェクトリーダーは部長でないといけない」と思い，当初リーダーを担当していた課長が部

長に昇進したという笑い話（？）がありました。

　この話の学びは，未熟な専門家ならいないほうがマシということですね（"未熟な専門家"とは矛盾した言葉なので実際には存在しないかもしれませんが）。

◆　気軽に質問できるエキスパートを確保する

　「Excelのある操作方法を探すのに3時間費やしたが，結局，わからなかったのでExcelに詳しい友人に電話で聞いたら1分で解決した」という経験はありませんか？

　分からないことでムダな時間を使うより，その道のエキスパートに聞く方が断然合理的です。ただ，20頁の"「残業時間・ムダな労働時間削減，生産性向上のための仕組み」策定に必要な知識"で説明したように，残業時間・ムダな労働時間削減，生産性向上の仕組みを構築する上でのエキスパートはなかなか見つからないと思いますので，カテゴリーごとのエキスパートを活用できればよいのです。

　例えば，労働基準法であれば顧問の社会保険労務士に。顧問社会保険労務士がいなくても，社内にエキスパートに近い方がいるかもしれませんので探してみてください。

◆　文書管理のルールが適切であり，実施されている

　必要な文書が，必要なときに，必要な場所で使用可能であることのルールです。詳細は第6章で説明します。

◆　プロジェクトで構築する仕組みのマニュアルを作成する

　プロジェクトの成功要因で一番重要なことは，この"**プロジェクトで構築する仕組みのマニュアルを作成する**"ということです。

　今回のプロジェクトのように残業時間・労働時間削減，生産性向上の仕組みを構築して運用していくのであれば，

第3章 時短,生産性向上の仕組みを構築,定着,改善していくために必要なこと

「残業・労働時間,生産性向上マニュアル」とか
「時短マネジメントマニュアル」「ジタマネマニュアル」を
作成するのです。

　このマニュアルを作成することにより,プロジェクトがとん挫しかけた場合や暗礁に乗り上げた場合でも元に戻すことが容易となり,仕組みを構築し,運用段階に移った場合の拠り所となります。運用方法に迷ったときは,そのマニュアルを確認すればよいのです。

　要するに残業時間・労働時間削減,生産性向上の仕組みの「取扱説明書」ということですよね。ただ,誤解していただきたくないのは,16頁に"理解が浅い人ほど「作業のマニュアル化」・・・などと声高に叫びますが"と説明した通り,全ての手順をマニュアル化してくださいということではありません。

　私がここで主張する"プロジェクトで構築する仕組みのマニュアルを作成する"とは,プロジェクトの太い柱の手順をマニュアル化することが必要であるということです。

2　効果を永久に持続させるために必要なコト

　残業時間・労働時間削減,生産性向上の仕組み(「時短マネジメントシステム:ジタマネ」)を構築～運用～検証～改善していくには最低限必要な知識があります。

　実際,この仕組みを構築する作業は社長ではなく信頼できる管理職が実施するので,社長自体が詳しく理解しなくてもよいのかもしれませんが,社長は全面的にヒーローとしてプロジェクトをサポートするためには概略だけでも知っておく必要があります。

　この最低限必要な知識とは,しっかりした頑丈な家を建てるための基礎のようなものです。この基礎がしっかりしていないと,途中で崩壊していく可能性もあります。逆に,壁にぶち当たった場合でも基礎がしっかりしていれば元に戻すことは容易にできるのです。その基礎とは,

・PDCA（マネジメントシステム）
・プロセス管理
・プロセスリストラ

の3つです。この3つは会社を経営する上でも非常に重要なことですから知識として自分のモノにしておきましょう。

3　安易にPDCAを理解した気にならないでください

「マネジメントシステム」とは，組織が方針や目標を策定し，その目標を達成するためにPDCAを廻していく仕組みと理解してください。

　PDCAとは，
　P：Plan：計画
　D：Do：実施，運用
　C：Check：検証，確認
　A：Act：改善，処置

このように"PDCA"と聞いて「もうそれは分かっています」と仰る方も多々いらっしゃると思いますが，失礼ながら「理解した気になっている方」が非常に多いのが現状です。

◆　PDCAの誤解　その1：起承転結と同じ意味だと思っている

　最近，この誤解はさすがに減りましたが，未だに誤解している方もいらっしゃいます。年に10回ほどマネジメントシステムの内部監査員養成講座の講師を担当するのですが，その際のロープレで次の内容に問題がないのか投げかけると・・・，

第3章 時短,生産性向上の仕組みを構築,定着,改善していくために必要なこと

> 監査員:PDCAの意味は,起承転結の意味で,「起」で問題提議して,「承」でその問題を処理して,「転」で別の角度から問題がないのかを確認して,「結」でその取組みを終了するということを理解していますか?

　参加者のほとんどの方は,「これはおかしいです。これはPDCAの意味ではなく,作文の書き方です」と,指摘されるのですが,1,2割の方は特に疑問を感じられないのです。

◆　PDCAの誤解　その2:PDCAは"A"で完結する。
　マネジメントシステムはスパイラルアップしていかなくてはなりません。
　スパイラルアップとは,PDCAを廻して継続的に改善していくことです。ということは,"A"で完結してはいけないのです。

◆　PDCAの誤解　その3:PDCAは特別なモノ?
　PDCAというと何か特別な存在であったり,特定の取組みで活用するものを考えている方もいらっしゃいますが,実は,PDCAは全てに存在するのです。例えば,今日の会社での仕事にしても,夕飯を作ることも,資格試験合格に向けての勉強も・・・。全てにPDCAが存在するのです。
　物事がうまく進まないときは,PDCAのいずれかが欠落していたり,不完全である場合です。
　また,PDCAは大きなPDCAもあれば,小さなPDCAもあります。例えば,

10年単位のPDCAもあれば，5分で終わるPDCAもあります。

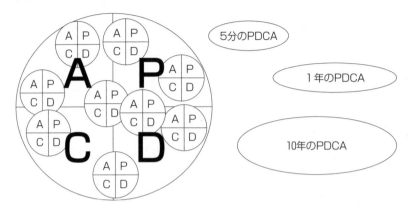

◆　PDCAの誤解　その4：PDCAの"A"を理解していない

　PDCAについて，「理解したつもりの方」と話していると，"A：Act：改善，処置"の話に及ぶとどうもしっくりいかないのです。"P：Plan：計画"から"C：Check：検証，確認"までは，一般常識的に理解されているようですが，「C」から「A」に展開し，更に「P：Plan：計画」への展開に及ぶと話が繋がらないのですね。

　この，"なんとなくわかり難い"を無くすために，PDCAの例を幾つか出してみましょう。

◆　PDCAの例
○　会社経営のPDCA（1年間）
　ほとんどの中小企業は1年で1回転しますね（年1回決算）。例えば，12月決算の会社を想定しましょう。
　　1月初：今期（向こう1年間）の経営計画（売上等）を立案する＝P
　　1月以降：経営計画に基づき事業運営する＝D
　　6月末：経営計画に基づき運営されているのか検証する＝C
　　7月初：6月末の検証の結果，運用が計画通りできなかった場合，計画通り

第3章 時短，生産性向上の仕組みを構築，定着，改善していくために必要なこと

　　　できなかった原因を是正する＝A

　　　是正を受けて残り半年間の経営計画を修正立案する＝P

　7月以降：修正立案した経営計画を運用する＝D

　（注）　通常，経営計画の検証（C：Check）は毎月もしくは四半期ごとに実施する場合が多い。

　12月末で決算が終了し，その後，「C」「A」を経て，翌期の「P」に繋いでいきます（正式には「C」「A」は申告する2月になります）。

○　女性を食事に誘うPDCA（5分）

　読者（社長）の中には女性の方もいらっしゃいますので，この事例は適切ではないかもしれませんが，分かりやすいので説明します。

　A夫さんは17時オンタイムに業務を終了したとします。

　17：01：B子さんを食事に誘うことを計画＝P

　17：02：携帯電話でB子さんを食事に誘った結果，断られた＝D

　17：04：なぜ，断られたのか検証する。検証の結果，ラーメン屋に誘ったことが原因であると特定＝C

　17：05：次回，B子さんを夕食に誘うときはイタリアンに誘うことにする＝A

　　　　数日後にA夫さんはB子さんをイタリアンに誘う計画の下，実行（P，D）。

　この事例は，5分で終わるPDCAです。A夫さんはB子さんに断られた原因を夕食の場所であると特定しましたが，もしかしたらA夫さん自身が嫌われている可能性もありますので，その場合，あまりくどく誘わない方が良いでしょう（笑）。

◆　PDCAの欠落事例

　・いつも思いつきで事業を増やし失敗している会社：「P」がない会社。

　・期首に壮大な計画を打ち立て社内発表会するが，その内容が実施できない

会社（絵に描いた餅企業）：「P」だけで実施（D）に移せない。
・受験勉強して，試験当日，他の受験生より早く問題を解くが，見直しをしない受験生：「C」をできない受験生。
・ある作業の検証をしてミスを発見するが，その後も，同じミスを繰り返す作業員：ミスの原因を特定しなかったり，原因特定した場合でも改善に移せないため「A」ができない。
・前頁のA夫さんがB子さんを後日，夕食に誘う際，結局，牛丼屋に誘ってしまった：「A」から「P」に展開できない。

　以上，PDCAについて説明しましたが，私自身250を超えるプロジェクトをコンサルタントとして成功させてきましたが，その成功要因はPDCAを徹底的に理解し使い倒したからと認識しております。逆に２件のプロジェクト失敗事例がありますが，その時はPDCAの「C：Check：検証」が甘かったと反省しております。

4　プロセス管理の重要性

　もし誰かから，「プロセスの意味を説明してください」と言われたら何と答えますか？ "プロセス"の意味は何となく理解しているのですが（それも多分当たっている），「では，説明してください」と言われると，上手く説明できないのです。

　通常，プロセスとは，「手順」「過程」「しくみ」「しごと」「工程」などと理解しており，全て不正解ではないと思います。ただここでは，

**　　　　　プロセスとはインプットをアウトプットに変換すること**

と理解してください。
　さらに説明を加えるなら，

**　　　　　　　成果（結果）に至るまでの要素**

との認識をしてください。また，先ほど "PDCA" にも大きなPDCAがあれ

第3章 時短,生産性向上の仕組みを構築,定着,改善していくために必要なこと

ば小さなPDCAもあることを説明しましたが,"プロセス"にも,大きなプロセスの中に中プロセスが,中プロセスの中に小プロセスが存在していることをご理解ください。

[プロセスとはインプットをアウトプットに変えること]

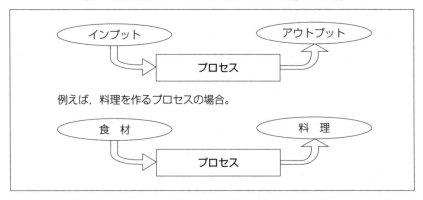

[大きなプロセスの中に小さなプロセスがある]

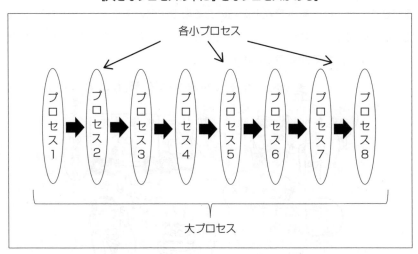

プロセス管理で非常に重要なことは，
プロセスは万遍なく管理しないと結果が思わしくない
ということです。例えば，食品製造業で次のプロセスがあったとします。
- 生産計画プロセス
- 原材料貯蔵プロセス
- 従業員衛生管理プロセス
- 機械・設備サニテーションプロセス
- 衛生的な製造プロセス
- 梱包プロセス
- 防虫・防鼠プロセス
- 製品貯蔵プロセス
- トラックによる輸送プロセス

　安全な食品を消費者に届けるためには様々なプロセスがあり，上記のプロセスはその一部ですが，その中で，"生産プロセス"から"製品貯蔵プロセス"までを完璧に管理したとしても，最後の"トラックによる輸送プロセス"の管理が悪く，例えば，衛生管理上問題のある衛生状態のトラックでの輸送や，温度管理が必要な製品について，全く温度管理がなされていないトラックで輸送してしまえば，全てが台無しなのです。

第3章 時短，生産性向上の仕組みを構築，定着，改善していくために必要なこと

　以上のように，「一つひとつのプロセスに問題がないのか，改善すべきことがないのかを確認して改善や修正を念頭に管理し，目的を良い状態で達成すること」をプロセスアプローチといいます。また，プロセスアプローチの本旨から少々ずれるかもしれませんが，「一つひとつのプロセスを最低限万遍なく管理することにより良い成果が得られる」ということも併せて認識していただければと思います。

　私の関与先で次の２つの悪い事例がありました。当該２社は，２社とも従業員数100名超の中小企業のカテゴリーの中でも中堅といえる規模でした。そもそも，企業が適正に存続するためには様々なプロセスがありますが，その２社に起こったことは次の状況でした。
　　Ａ社の場合：法令遵守プロセスを怠り，法令不遵守が発覚し企業の存続が
　　　　　　　　できなくなってしまった。
　　Ｂ社の場合：運送業者であるＢ社は交通事故削減への取組みに熱心では
　　　　　　　　あったが，断片的な活動に終始しており，大事故を発生させ
　　　　　　　　組織が消滅してしまった。

　Ａ社については私も再三社長に具申していたのですが，結果的に後回しとなり事態が悪化しました。私自身，力の無さを痛感した出来事でした。
　Ｂ社については非常に社員想いの社長で，「断片的な交通事故削減への取組みについてプロセスアプローチを実現する成果が出やすい取組みに変えていきましょう」と具申していたのですが，社長の返事は「彼ら（管理職，従業員）も忙しいからもう少し待ってください。〇月から必ず取り組みますので」と，結果的に後回しとなってしまい大事故が発生してしまいました。

　Ａ社，Ｂ社ともに業績はとても良く，いわゆる「儲かっている」状態であったため余計に残念です。その時思ったことは，企業はどんなに経営状況が調子よく，顧客から必要とされていたとしても，たった１つのアキレス腱で存続が

叶わなくなってしまうものだと。

　A社，B社ともに"プロセス管理の重要性"を理解させておけば，このような事態にならなかったのでは？　と思うと残念でなりません。

5　プロセスリストラとは？

　プロセスリストラについて説明します。

　"リストラ"と聞くと，あまり良いイメージが無いかもしれませんね。なぜなら，かつて，「リストラ＝人員整理，解雇」の意味で使用されたからではないでしょうか。本来の意味は，「リストラクチャリング：restructuring」で「再構築」という意味であり，見直し，改善を行うと理解していただきたいのです。そこで，"プロセスリストラ"の定義を説明します。

プロセスリストラとは，

① 起きてしまった問題を解決するため（現状を改善するため）に問題発生源が含まれている一連のプロセスを明確にし，問題発生源のプロセスを特定し再構築すること。　⇒　問題対応手段

② 目的を達成するためには，どのような一連のプロセスが必要なのかを予め明確にし，目的達成の鍵となるプロセスの改善や修正を意識して最良の成果を出すこと。　⇒　目的達成のための仕組みの策定

　この"プロセスリストラ"の定義を残業時間・ムダな労働時間削減，生産性向上の取組みに当てはめると，次のような意味になります。
　・ 残業時間を削減するために，残業の原因が含まれるプロセスを明確にしその残業発生プロセスを再構築すること
　・ ムダな労働時間を削減するために，ムダな労働時間の原因が含まれるプロセスを明確にしそのムダな労働時間発生プロセスを再構築すること

第3章　時短，生産性向上の仕組みを構築，定着，改善していくために必要なこと

- 生産性を向上させるために，生産性向上が可能なプロセスに当たりをつけ，生産性を向上させるプロセスを明確にして，再構築すること
- 残業時間・ムダな労働時間を削減するためもしくは生産性を向上させるには，どのような一連のプロセスがあるのかを予め明確にして，成果を出すための鍵となるプロセスの改善や修正を意識して最良の成果を出すこと

なかなか，難しく感じて腑に落ちないかもしれませんが，現時点ではそれで構いません。今後，「時短マネジメントシステム：ジタマネ」に取り組んでいくことで必ず理解できますから。

プロセスリストラの詳細については，拙著である「『プロセスリストラ』を活用した真の残業削減・生産性向上・人材育成　実践の手法」（2014年4月：日本法令発行）を読んでいただければよいのですが，現時点ではまだその必要はないでしょう。

以上，残業時間・ムダな労働，生産性向上への取組み（「時短マネジメントシステム（ジタマネ）」を始めるに当たって，最低限必要な知識について説明しました。

第4章
世界中で活用されている「○○防止手法」「○○達成手法」を活用した時短，生産性向上の手法

1　科学的な労働時間削減手法

　14頁で"もうウンザリ？　既存の時短対策"を説明しましたが，なぜ，既存の時短対策だと効果がないのでしょうか？　もしくは効果が出たとしても一過性なのでしょうか？

　前述の通り「問題には必ず原因がある」のであり，「残業時間発生にも原因がある」のです。その原因を特定しない既存の時短対策の場合，効果が出なかったり，一過性であることはある意味当然のことでしょう。
　ただ，原因を特定できれば良いのか？　という疑問がわきます。<u>「そんなこと原因が特定できれば良いに決まっているじゃないですか！」</u>とおっしゃる方が多いのですが，実はそうでもないのです。なぜかと言いますと，その"原因"の特定の仕方が問題なのです。

　例えば，原因を大きく分けると，
① ヒト
② モノ
③ 仕組み
④ その他

が，考えられます。そこで，仮に原因がヒトであった場合。具体的には支社長を想定してみます。支社長が起因する残業の原因として，終業時刻である午後5時30分を過ぎてからの部下への資料作成依頼（締切は当日）があったとしましょう。この場合，残業発生の原因者である支社長に直談判することになりま

す（できない場合もありますが，そのような組織風土を変えることも今回の取組みです）。その際，ただ漠然と「支社長が終業時刻以降に資料作成を部下に依頼するので残業が発生しているのです」と伝えても，支社長としては納得しないかもしれませんし，支社長の上司に伝えるにも漠然とし過ぎているので上手く伝えることはできないかもしれません。

　そこで必要なのがデータです。例えば，
「7月1日から31日で，支社長が終業時刻以降に当日締切の資料作成を依頼した事実は，2日にAさん，9日にBさん，11日にCさん，12日にDさん，19日にAさん，24日にCさん，26日にEさん，29日にFさん，30日にAさんに対しての合計9回でそのことによりAさんたちは26時間も残業が発生しました。ちなみに，2日のAさん，11日のCさん，12日のDさん，19日のAさん，24日のCさんは，所定就労時間内の業務の過密度は80％くらいでしたから，午後3時くらいまでにご依頼いただければ12,3時間くらいは残業とはならなかったと思われます」
というように伝えることにより解決する可能性が高まると思いませんか？

　実際，私の関与先でも残業時間発生の原因が，役員にあり，そのことを伝えると当初かなり反発があったのですが，実際に残業になっている時間数を加害者である役員ごと，被害者である従業員ごとにデータとして提示したところ対策が講じられるようになりました。
　ちなみに品質マネジメントシステムでは，「意思決定への事実に基づくアプローチ」が1つの原則として活用されています。

　以上のように事実であるデータをもとに取組みを進めていくことが重要であり，決して場当たり的に小手先の対策を施すだけでは意味がありません。ただ，小手先の対策であっても，マネジメントシステムの運用管理策として組み入れPDCAの一部として導入することにより効果を発揮させることができます。

第4章 世界中で活用されている「○○防止手法」「○○達成手法」を活用した時短,生産性向上の手法

「科学的な労働時間削減手法」というと,非常に大袈裟な発明的なことを想像される方もいらっしゃるかもしれませんが,決して,そのようなことではなく,実態を把握し(調査し),分析した結果をもとに残業時間やムダ時間及び生産性を改善するために活動していく手法のことなのです。キーワードは,「その根拠は何か?」ですね。

2 時短マネジメントシステム:通称 ジタマネ

世界には様々なマネジメントシステムがあります。

そのマネジメントシステムは,

・○○を解決するため

・○○を達成するため

の仕組みなのです。

ただ,残念なことにこれらのマネジメントシステムを使いこなしている組織が非常に少ないのです。

本来,効果が出る仕組みなのですが,使いこなせていないのです。また,マネジメントシステムと聞いただけで拒否反応を起こす方もいらっしゃいます。

まぁ，苦手意識があることは致し方ないのですが，自分たちが使いこなせなかったからといってマネジメントシステムを否定することは止めていただきたいのです。確かに今までは成果が曖昧なマネジメントシステムが散見されたことも事実ですが，最近では必ず成果が求められるマネジメントシステムも開発されました。それは，交通重傷事故・死亡事故を無くすためのマネジメントシステムであり，このマネジメントシステムに取り組んでいる組織は当然，結果が求められます。

　そもそも，私が残業時間・ムダな労働時間削減，生産性向上を実現するマネジメントシステムとして「時短マネジメントシステム（ジタマネ）」を開発したきっかけは，前述の交通重傷事故・死亡事故を無くすためのマネジメントシステムである「道路交通安全マネジメントシステム」を参考にしたのです。
　当時,「道路交通安全マネジメントシステム」の開発は議長国であるスウェーデンが中心となり行っていました。スウェーデンは交通事故削減の世界一の先進国であり1998年から国策として「ヴィジョン・ゼロ」という交通死亡事故・重傷事故をゼロにしようという取組みを行っていました。その取組みに対して他の欧州諸国からは嘲笑されていたのですが，効果が上がるにつれて，スウェーデンを見習う国が多数出てきました。そして，スウェーデンの提案により国際的なマネジメントシステム規格である「道路交通安全マネジメントシステム」の策定が決まったのです。

　私は「道路交通安全マネジメントシステム」の生の情報を得るために4回スウェーデンに出向き，
　　・スウェーデン道路交通省のヴィジョン・ゼロ責任者（「道路交通安全マネジメントシステム」の規格開発者）
　　・スウェーデン規格協会のプロジェクトリーダー
　　・スウェーデン審査機関の認定機関である担当者
　　・ボルボ社（自動車メーカー）の政府担当窓口責任者

第4章 世界中で活用されている「○○防止手法」「○○達成手法」を活用した時短，生産性向上の手法

の方々から詳細なレクチャーを受け，特にスウェーデン道路交通省のアンダース・リー氏からは3回に渡りお世話になりました。

そして，「道路交通安全マネジメントシステム」の内容が確定し詳細を理解していくにつれて，かねてから時短の専門家として活動していた私は，「**これは，労働時間削減や生産性向上に当てはめて使えることができるのでは？**」と思ったのです。

マネジメントシステム規格としては様々なものがありますが，「道路交通安全マネジメントシステム」にある"パフォーマンスファクタ"の存在が前述の考えと結びついたのです。

そこで，「道路交通安全マネジメントシステム」の要求事項を残業時間・ムダな労働時間削減，生産性向上を目的とした内容に置き換えていきました。すると非常にしっくりいくではありませんか！（もちろん，そのまま当てはめることはできませんが，他のマネジメントシステム規格も参考にすることにより策定できたのです）

ただ，ここまででは仮説に過ぎませんが，単なる仮説ではなく，他の目的達成の手法として既に実績がある構造の仕組みですから，成果が出ないのでは？というネガティブな考えは無く，実際，残業時間が膨大な組織，生産性が悪い組織，従業員の持ち帰り業務が問題となっている組織，生産性を上げ人手不足を乗り切りたい組織及び残業ゼロだが人員削減したい組織などで実践した結果，成果が出るではありませんか！

そして，私は，このマネジメントシステム（時短マネジメントシステム：ジタマネ）を活用して皆さまに，残業削減，ムダ時間削減，人手不足を乗り切る，生産性向上等を実現していただくためにこの本を執筆したのです。

私が約18年間マネジメントシステムに関わってきて出した結論は，

・マネジメントシステムは目的を持って取り組むべき
・成果が数値で表せることが望ましい
・社長は従業員へのマネジメントシステムへの取組みを全面的にバックアップすること

の3点です。

ですから，

「組織風土として時短を定着させ，必ず現状より1人当たり月間○時間残業時間を削減するために，社長の全面的なバックアップの下に時短マネジメントシステムに取り組む！」ことが必要なのです。

第5章

「時短マネジメントシステム：ジタマネ」とは？

1　「時短マネジメントシステム：ジタマネ」の説明に入る前に

　社長は，「時短マネジメントシステム：ジタマネ」の概略だけを理解していればよいとしても，いきなり説明し出したところで，混乱が生じるかもしれませんので，残業時間・ムダな労働時間削減，生産性向上に「時短マネジメントシステム：ジタマネ」が効果あることを想像できるように，具体的な実施事項に繋がる用語の説明をしていきたいと思います。

　当説明をご覧いただければ，
　「『時短マネジメントシステム：ジタマネ』とはこのようなことを改善していくのか！なるほど，これなら効果が期待できる！」
と思っていただけると思います。

2　作業状況を見渡してみましょう

　以前，某組織の事務所に出向いた際，そこはフロア全体が見渡せるのですが，そのとき私の目に瞬時に写った光景は次のようなものでした。
・作業している人（と思われる人）：6名
・お茶を飲んでいる人：1名
・歩いている人：1名
・談笑している人：2名
・コピーを取っている人：1名
・コピーを待っている人：1名

上記の中で仕事をしている（と思われる人）は，"作業している人（と思われる人）"と"コピーを取っている人"ですね。歩いている人は仕事上必要だと思いますが実作業ではありません。とすると，12名のうち，実作業をしている人はたったの7名なのです。しかも，作業をしている人はパソコンの前に座っている人がほとんどでしたが，用も無くインターネットをみていたのかもしれません。この7名にしても次に説明する"のそり状態"であれば困ったものです。

　果たして，お茶は飲む必要があるのか？　何のために歩いているのか？　何の談笑をしているのか？　本当に必要なコピーなのか？　コピーの順番待ちは本当に必要なのか？　もしかしたら，これら全てがムダなのかもしれません。

　余談ですが，本当に忙しければお茶を淹れる時間も飲む時間もありません。ちなみに当社では人のためにお茶を淹れる行為は禁止しています（お客様向けはもちろん構いませんが）。また，お茶をよく飲む従業員は暇なときが多いのです。

　あなたも自分の会社はもちろん，他の会社や役所などで瞬時に確認してみてください。結構，ムダ時間が多いことに気づきますよ。

3　「のそり状態」からの脱出！　仕事の効率について

「のそり状態」とはどのような状態のことでしょうか？

のそり状態
作業している前提で 　・作業効率が悪い状態 　・頭，手，足，口，目，耳，鼻がフル稼働していない状態 　・標準処理時間内に処理できていない状態

　前頁の私が出向いた某事務所のフロアの状況の中で，頭，手，足，口，目，耳，鼻がフル稼働している人は何人いるのでしょうか？（事務作業の場合，鼻

は関係ないですし，口もしゃべる必要がない場合は不要ですが）

「のそり状態」とは，作業していることが前提ですから"作業している人（と思われる人）"と"コピーを取っている人"の中で，頭，手，足，口，目，耳，鼻がフル稼働していない状態の人のことです。この場では，フル稼働しているのか否かは分かりませんが，可能性としては，7名全員がフル稼働していない＝のそり状態であることを考えると恐ろしい限りです。

"標準処理時間"については，後程説明し，ここでの説明は省きますが非常に重要な概念です。標準処理時間を簡単に説明すると，通常の力量保有者がその作業を処理するために必要な時間のことです。ですから，通常の力量保有者が30分で作成できる文書を40分で完成した場合はのそり状態となります。

「のそり状態」は**「効率」**を測るために必要な概念です。
「効率」は次の計算式で割り出します。

効率＝標準処理時間÷実作業時間×100

10分で作業できることを12分で作業した場合は，効率は83％。
　（注）　標準処理時間については，89頁参照。

効率は，理論上100％を超える場合も考えられます。例えば，10分で作業できることを8分で作業した場合の効率は125％になります。

このように，従業員は効率が100％を超えることを目指すべきなのでしょうか？　これは非常に難しい問題であり，仮に効率100％を超えることを目標にした場合，常に無理をして作業することかもしれません（負荷のかけ過ぎ）。
逆に恒常的に効率100％を超えられるのであれば，そもそも標準処理時間が甘かったのかもしれません。しかし，この"標準処理時間が甘い"のでは？という推察を過度に従業員に悟られてしまうと，従業員にとっては「せっかく

頑張って効率を上げたのに，既存の標準処理時間が甘いということは，今までサボっていたのでは？　と評価されているみたいだ」とネガティブに取られる可能性があります。

　このことは，社長が時短への取組みの決意を発表した直後や仕組みとして時短に取り組む前に，従業員が率先して残業時間を減らした場合，社長が「なんだ，そもそも簡単に時短ができるじゃないか。今まで何やってたんだ」と，従業員の前向きな頑張りを否定して，時短への取組みの出鼻をくじいて台無しにするようなものです。

　以上のことをよく見極めて発言，行動する必要があるでしょう。

4　「蒸発状態」からの生還！　仕事の稼働率について

　「蒸発状態」とはどのような状態のことでしょうか？

蒸 発 状 態
本来作業すべきであるが作業していない状態　→　稼働率が下がる ・頭，手，足，口，目，耳，鼻を作業に使用していない状態

　73頁の私が出向いた某事務所のフロアの状況の中で，頭，手，足，口，目，耳，鼻を作業に使用していない人は，

　・お茶を飲んでいる人：1名
　・談笑している人：2名

であり，彼ら・彼女らは，労働者として存在していないのと同様で，いわゆる「蒸発状態」ということです。また，場合によっては次の人も「蒸発状態かもしれません。

　・歩いている人：1名　→　今歩く必要があるのか？
　・コピーを待っている人：1名　→　今そこで待つ必要があるのか？

　「蒸発状態」とは，まったく作業していない手待ち状態や，長時間トイレに行っている状態，お茶を淹れている状態，サボっている状態ですから，作業者

としてはいないのと同じ状況です。社長であるあなたは，そこにいない人にも給与を支払っていることになるのです。

　運送業では荷待ち時間（手待ち時間と同様）も労働時間に含まれますので，全くもってバカバカしいですね。先日も関与先でトラックドライバーの荷物の引き取りに同行した際，本来，10分くらいの荷待ち時間が30分かかったのです。トラック運送業にとって荷待ち時間は，発荷主や着荷主との関係がありますのでゼロにすることは難しいのですが，非常にムダです（ドライバーにとっては良いアイドルタイムになるので一概に悪とは言い難いことも事実ですが）。
　ただ，その荷待ち時間が非常にムダであることを荷主に伝えたところ，「そうなんですか。早く言っていただければ改善したのに」とあっさり荷待ち時間を改善していただいた例もあるのです。

　「蒸発状態」は，**「稼働率」** を測るために必要な概念です。
　「稼働率」は次の計算式で割り出します。

$$稼働率＝実稼働時間÷所定労働時間×100$$

所定労働時間が8時間で，実稼働時間が5時間の場合，稼働率は62.5%

　例えば，始業時刻が8時，終業時刻が17時で休憩が1時間の場合は，所定労働時間が8時間ですが，そのうち，おしゃべり，喫煙，お茶飲む時間等が3時間の場合は，実稼働時間が5時間となり上記の計算式となります。

◆　「5時から男，5時から女」に注意？
　以前，テレビコマーシャルではやったフレーズですが，残業の多い従業員の始業時刻〜所定労働時間終業時刻（例：8時〜17時）と，残業時間開始時刻〜残業時間終了時刻（例：17時〜20時）の稼働率を比べてみると面白いことになる場合があります。例えば，

・8時〜17時の稼働率：62.5％

・17時〜20時の稼働率：100％

　あきれる事例ですが，実際よくあるのです。この事例の場合，8時〜17時の稼働率を100％にできれば残業時間はゼロにできますね。

　さらに恐ろしい事例として，残業時間である17時〜20時の稼働率も50％くらいの場合があり，ただダラダラと居残って，残業代を稼いでいる場合があります。ただここで，注意していただきたいことは，稼働率を下げる原因は従業員自らの原因だけではなく，次項の「妨害時間」の被害者になっている時間も含まれるのです。そのこともよく認識しておく必要があります。

5　「妨害状態」とは？「妨害時間」の被害にあわないで！

「妨害状態」とはどのような状態のことでしょうか？

妨 害 状 態
第三者の介入により作業が計画通り進まない状態

　73頁の私が出向いた某事務所の状況をもう一度，確認してみましょう。

・作業している人（と思われる人）：6名

・お茶を飲んでいる人：1名

・歩いている人：1名

・談笑している人：2名

・コピーを取っている人：1名

・コピーを待っている人：1名

　以上の12名の中で，自分が計画した業務を処理している人は何人いるのでしょうか？

・作業している人（と思われる人）：6名

　自分で計画した作業を処理しているのであればよいのですが，他の人から急遽依頼された作業・あまり意味のない書類の作成依頼を処理しているのであれ

ば，「妨害状態」といえるでしょう。
・お茶を飲んでいる人：1名
　この場合は「蒸発状態」ですが，他の従業員（上司等を含む）の"お茶を淹れている"のであれば，「妨害状態」かもしれません。お茶を淹れる作業全てが悪いとは言いませんが，無駄にお茶を淹れる回数が多くないでしょうか。
・歩いている人：1名
　当初の作業予定にない，上司等からの呼び出しや文書を探すために歩いているのであれば「妨害状態」かもしれません。
・談笑している人：2名
　この場合は「蒸発状態」ですが，2名のうち1名が被害者の場合はその人は「妨害状態」に置かれているということでしょう。
・コピーを取っている人：1名
・コピーを待っている人：1名
　この2名もムダなコピーを他の人から依頼されたのであれば，「妨害状態」ということです。

◆　妨害状態の発生には必ず加害者がいる

　妨害状態発生には，必ず加害者がいます。加害者を考えてみると次のようになります。

加害者	
社　内	社　外
・上司，同僚，部下 ・営業部，購買部，製造部 ・○○支店，○○営業所 ・社長，役員 ・その他	・顧客 ・購買先，アウトソース先 ・行政機関 ・家族，友人 ・その他

　あなたの会社の従業員が今日も残業をしています。その残業は上記の加害者が原因で発生してはいませんか？

また，上記の加害者が原因で，通常1時間で60個作れるものが45個しか作れなかったり，20分で作成できる文書に30分もかかったりしていませんか？

　北欧を始めとした欧米諸国の労働時間が少ない原因の1つとして，この「妨害時間」が少ないと私は考えています。
　欧米では社内のコンセンサスを得るための資料は極力作成しませんし，社内プレゼン資料の見栄えにそれほどこだわりません。見栄えではなく如何に伝わるかが重要ですから。

　以前，私の関与先で当時短への取組みを検討している窓口の方から次のようなお電話をいただきました。

関与先担当者　「時短への取組みについて役員を納得させる資料を部長の指示で作成しているのですが，○○の部分についてはどのように説得すべきでしょうか？」
　　　私　「そうですね。それは，・・・・・にしてください。ところで，この作業こそ正にムダな労働時間の原因ですね。」

◆　**なぜ，公共工事はあれだけ作成文書が膨大なのか？**
　私は仕事上，様々な業種のお手伝いをするのですが，文書作成が多い業種として一番に思い浮かぶのが，公共工事を請け負っている建設業者です。
　公共工事はある意味，PDCAが非常にしっかりしており，各段階（PDCA）で膨大な文書を作成します。
　・計画段階での文書（Plan）
　　　「施工計画書」（「施工計画書」には，様々な文書を含む）
　・実施段階での文書（Do）
　　　「日報」「安全の記録」「写真」「会議・ミーティング議事録」等
　・検証段階での文書（Check）

「検査記録」「段階確認記録」「出来形記録」「ミルシート」等
・改善段階での文書（Act）
「創意工夫関連文書」「評価点数内訳書」等（「創意工夫関連文書」は敢えてAct段階での文書と位置付けました）

　本当に膨大な文書ですね。現場代理人や配置技術者（呼称は様々です）は現場での管理作業はもとより，これらの文書作成に膨大な時間を割かれています。
　しかし，本当にこれらの膨大な文書が必要なのでしょうか？　少々意地悪な見方をすると，税金を投入している公共工事ですから，国民，県民，市民等から，行政機関に対して，「ちゃんと管理しているのですか？」とチェックが入った場合に備えて，行政機関側が「私たちはここまで詳細に管理していますよ。これがその証拠です」と膨大な文書を提示するために，建設業者に作成させているように感じるのは私だけでしょうか。

　この事例など，「妨害時間」なのかもしれません。必ず作成しなくてはならない文書が存在することは認めますが，果たしてここまで必要か？　という文書も散見されますし，内容的にも見落としが散見されます。
　もちろん文書（記録）は，自分たちを守るためのモノであることは十分に理解していますが，過ぎたるは何やら・・であり，残業時間，生産性悪化の原因の1つであると認識を持っております。

6　「残業時間」と「ムダな労働時間」とは？

　ここでは「残業時間」について考えてみましょう。
　読者の方は「残業時間の意味はもう十分承知しています」とお叱りを受けそうですが，しばらく我慢してください。
　実は，「残業時間」には，「必要な残業時間」と「ムダな残業時間」の2種類があるのです。

「ムダな残業時間」は言語道断，一刻も早くこの"ムダ残業ビーム"を放つ"残業代荒稼ぎ怪獣"を倒さなくてはなりません。しかし，「必要な残業時間」は少々厄介です。

「必要な残業時間」を適切に定義し難いのですが，次のように考えられるのではないでしょうか。
① 効率100％（近く），稼働率100％（近く），妨害時間なしの状態の力量ある従業員が所定業務を処理するために必要な所定労働時間以外の労働時間
② よい長時間労働

"①"については，力量ある従業員が能力を発揮し，一切サボらず，その従業員の作業が妨害されることが無い状態でも業務処理に必要な時間が所定労働時間外となった事例であり，この残業発生は必要な残業時間と解釈すべきなのかもしれません。某国の労働者のように終業の合図と同時にその作業をほったらかして帰宅してしまう従業員に比べたらよっぽどマシでしょう。

"②"については，35頁で紹介した「労働時間の経済分析」（山本勲，黒田祥子著，2014年4月，日本経済新聞発行）に掲載されている解釈であり，同書には，著者が独自に実施した，イギリス，ドイツの日系グローバル企業に勤務する労働者（日本本社採用の30～50歳代管理職層の日本人と同一企業に勤める30～50歳代管理職層の非日本人）へのアンケート調査の結果が掲載されています（「日系グローバル企業転勤者調査」）。非常に興味深い調査結果の詳細は同書をご覧いただくとして，"よい長時間労働"の存在については，同調査のインタビューから多く聞かれた，"日本企業がグローバル競争に生き残るためには，得意分野で勝負する必要があり，そのためにはある程度の長時間労働，すなわち「よい長時間労働」は必要不可欠"から引用しています。そして，"よい長時間労働"について，"売上や付加価値に繋がる「社外サービス」に該当するものがあれば，長時間労働は是正すべきではない"と考える日本人管理職の考えが掲載されています。

この調査は，日系グローバル企業が対象ですから，「中小企業の実態とは異なる」と思われる方もいらっしゃるかもしれませんが，そんなに異なるのでしょうか？

　"よい長時間労働"は，中小企業でも存在すること自体，社長であるあなたは既に認識されているのではないでしょうか。この"よい長時間労働"に対して「時短マネジメントシステム：ジタマネ」の時短対象にするか否かはプロジェクトの中で明確にする必要がありますが，当然，時短対象にするのかを検討すべきです。つまり，"売上や付加価値"に繋がっている場合でも長時間労働以外の他の方法で実現できる可能性を否定すべきではないのです。

　私も「必要な残業時間」の存在はもちろん，存在意義についても認めますが，常に，改善できないものかという着眼点で「時短マネジメントシステム：ジタマネ」を進めていただきたく思います。

7　効率と稼働率を上げて，さらに重要な「作業品質」

・残業時間が多い
・ムダな労働時間が多い
・生産性が悪い

以上の状態は，必ず「効率」と（もしくは）「稼働率」が悪いのです。
「問題には必ず原因がある」のですから，「効率・稼働率が悪い場合は必ず原因がある」のです。

　少々難しいかもしれませんが，プロセスで表現すると次のようになります。

「時短マネジメントシステム：ジタマネ」をごく簡単に説明すると，**効率・稼働率が悪い原因を突き止め，「業務処理量」を上げるマネジメントシステム**ということです。

「業務処理量」とは，実際に処理できた業務量 (注) であり，次の計算式で割り出します。

業務処理量＝効率×稼働率

　（注）　ここでは敢えて作業量とはしないで"業務量"と表現します。

　仮に「蒸発状態」の時間が0分であっても（稼働率100％），重度の「のそり状態」（通常の作業処理量の倍の時間かけて処理）であれば（効率50％），

100％×50％＝50％

となり，業務処理量は50％です。

　逆に「蒸発状態」の時間が1日の所定労働時間8時間のうち2時間の場合（稼働率75％）で，「のそり状態」が0であれば（効率100％），

75％×100％＝75％

となり，業務処理量は75％で，「蒸発状態」が0分のまじめだけれど効率の悪い従業員より業務処理量は増えることになります。

　そして，もう1つ重要な概念は**「作業品質」**です。
　いくら，効率が100％（場合によっては110％），稼働率も100％であったとしても，作業プロセスのアウトプットである，製品品質やサービス品質が悪ければ意味がありません。注文したら早く出てくるけど，まずい料理みたいなものです。
　残業時間・ムダな労働時間の削減，生産性向上に取り組む場合，常に意識しなくてはならないのは，次の4つとなります。
　・効率
　・稼働率
　・業務処理量

・作業品質

これらの指標を測るためにもデータが必要であり，データを得るためにも測定が必要なのです。

"もうウンザリ。既存の時短対策"の"小手先の対策"では，これらの指標は出てきましたか？　出てきていないのです。

既存の小手先の時短対策では，文言として使用したことはあるかもしれませんが，測定までして活用する仕組みではないのです。

だから，効果が出ないのです！

8　「リスク」（ネガティブリスク）と「取組リスク」について

「リスク」（ネガティブリスク）とは，残業時間・ムダな労働時間を発生させたり，生産性が悪い原因となり得るプロセス，顧客・上司等からの要求のことをいいます。

問題の原因となっているリスクを洗い出し，評価しなくてはなりません。

リスク評価の結果，次のいずれかのアプローチをとります。

・リスクを取り去る

・リスクを緩和する

・容認する

評価したリスクの中で対策を施すことを決めたリスクのことを「取組リスク」とします。

9　「機会」（ポジティブリスク）と「取組機会」について

「機会」（ポジティブリスク）とは，残業時間・ムダな労働時間を削減・改善させたり，生産性を上げる要因となり得る良い機会のことをいいます。

残業時間・ムダな労働時間を削減・改善させたり，生産性を上げる可能性がある要因を洗い出し，評価しなくてはなりません。

それらの機会の中で効果が大きく見込まれ，取組みとして定着させていく機会のことを「取組機会」とします。

10 「原単位」について

「原単位」とは，一定の尺度で計算することです。例えば，
・売上100万円当たりの労働時間数
・営業時間1,000時間当たりの１人当たりの労働時間数
などです。

私の現在の関与先で，過去に「今月は残業時間が○時間減りました」と毎月一喜一憂している企業がありましたが，私が関与するにあたって，「残業時間が削減されたことは良いことですが，売上も一緒に減っているのではないでしょうか？」と質問すると正にその状態でした。

普通に考えれば，売上が減れば，
・労働時間が減る
・電気代等の水道光熱費が減る
・ガソリン代等の燃料費が減る
・紙の使用量が減る・・・・・・・・・・

これらのことは当たり前であり，大袈裟に言うと比べること自体がムダかもしれません。もちろん，タイムラグがある場合があるので，売上げ減少，即，他の数値も減少とならないこともありますが，原則的には比例します。

さらに，「半年前に比べて残業時間が１割削減できました！」と胸を張っておっしゃるサービス業の店長がいらっしゃったのですが，よくよく事情を聴いてみると，10名で廻しているシフトを11名で廻すようにしただけの事例もあり

ました。

これらのいわゆるバイアスのかかった数値ではデータとしては失格です。そこで，有用なのが原単位なのです。

原単位は１つの指標として活用できるので重宝します。

11 「秒給」について

私自身非常に大雑把で血液型Ｏ型のアバウト人間なのですが，関与先への指導には細かいこともお願いしています。その１つが「秒給」です。

社長であるあなたの会社の社員の「秒給」をご存知ですか？

例えば，総支給25万円の従業員で（30歳），１か月の所定労働時間が177時間としますと，

250,000÷（177時間×3,600秒）＝0.39円となりますね。

更に，総支給25万円の場合，労働・社会保険料が39,000円ほどの会社負担分が発生しますので

（250,000＋39,000）÷（177時間×3,600秒）＝0.45円／秒

１秒当たりの給与は，0.45円なのです。10秒で4.5円，１分で27円。

ちょっとタバコ吸いに行って５分戻ってこない従業員に135円支払っているのです。「たばこを吸っていただきありがとう。ハイ135円ね」と。

この，「0.45円」には，賞与や交通費を入れていませんので，本来はもっと秒給は高いのです。

環境マネジメントシステムに取り組んでいる関与先に伺うと，コピー機の横

にミスコピー用紙入れが置いてあり，社内で使用する文書の場合，この裏紙が使用されています（環境マネジメントシステム云々とは関係なくどちらの企業でも裏紙を活用しているようですが）。

　この裏紙使用が曲者で，コピー機の種類によってはコピー後に皺が入ってしまいやり直したり，表と裏を間違えて結局，やり直したり・・・・。

　ところで，裏紙コピーするために何秒使うのでしょうか？　ミスコピーをしない前提でも5秒くらい使うのでしょうか。だとすると，

　　0.45円×5秒＝2.25円

　現在，Ａ4用紙は1枚0.8円くらいでしょうか。0.8円節約するために人件費を2.25円無駄にする実態・・・。ミスコピーやその他の手間を考えると相当無駄ですね。

　確かに環境に良いことをしようとすると金がかかることは認めますが，なんだかなぁ・・・。再利用（リユース）より，再生利用（リサイクル）を検討すべきかもしれません。

　ちなみに，Ｐマークや情報セキュリティマネジメントシステムに取り組んでいる組織では，裏紙使用は情報が漏れる原因となるので使用禁止となっている場合や，予め漏れてはいけない情報が含まれていないのかを識別する作業を要求している組織がありますね。識別作業を実施するのであればさらに労働時間が割かれることになります。

12 「標準化」について

　「標準化」については，モノの標準化や規格の標準化など，詳しく説明すると非常に長くなるのでここでは次のように理解してください。

　標準化：誰が作業・処理しても同じに結果になるように手順や規格を統一す

ること（アウトプットを生み出すプロセスを統一する）

例えば,「見積書」の様式を標準化したり,検査のやり方を標準化することが考えられます。

「時短マネジメントシステム：ジタマネ」でなぜ,標準化が重要かというと,標準化することによりムダが省けるからです。また,標準化することによりマニュアルも作成しやすいのです。

13 「標準処理時間」について

「標準処理時間」とは,通常の力量を持っている従業員がその作業を処理するために必要な時間のことです。

この「標準処理時間」が既に設定されている企業は非常に稀でしょうが,今後,設定していけばよいのです。また,この「標準処理時間」は,10年前と現在では同じ時間ではない場合が想定されます。10年前に20分で処理できていた作業が10年後の現在でも20分かかって処理していたのでは進歩がありません。ただ,10年前は上級者が作業していたが,現在では中級者が作業している場合は同じ作業時間かもしれませんし,場合によっては作業時間が増えることも考えられます。要は,以前に設定した作業時間が現時点で適切であるとは限らないということです。

この「標準処理時間」の設定は,「時短マネジメントシステム：ジタマネ」の仕組みの中でも重要です。ただ,最初から標準処理時間の設定は難しいので段階を踏んで,最終的に作成していく手順となっています。

14 「時短マネジメントシステム：ジタマネ」の概要

「時短マネジメントシステム：ジタマネ」は3つのステージで進みます。

まず,準備段階の「ステージ　0」から開始です。

この段階は，社長の本気度を会社内に周知することが第一目的ですから，正に「社長のコミットメント」を示すステージです。
　"コミットメント"とは，ここでは，「誓い」とご理解ください。
　実際の取組みは「ステージ　1」から本格的に行い，基礎を構築した上で，「時短マネジメントシステム：ジタマネ」の中心的活動である，「ステージ2」に入ります。

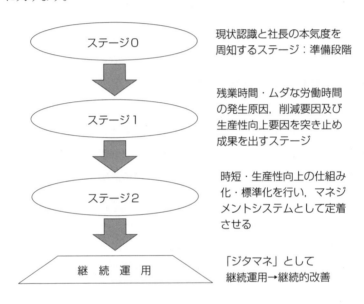

15　「時短マネジメントシステム：ジタマネ」のステージ　0

　このステージ0は，「時短マネジメントシステム：ジタマネ」の準備段階です。
　あくまで"準備段階"ですから，"0"なのです。
　ただ，準備段階と聞いて，甘く見ないでください。この準備段階が非常に重要であり，準備段階だけでも効果が出ることが非常に多いのです。

以下、「ステージ　0」の概略を説明します（第6章の表記とは若干異なります）。

◆1：社長が覚悟を決める

社長は不退転の決意で「時短マネジメントシステム：ジタマネ」に取り組むことを覚悟してください。

実は社長の一番重要な作業はこの「覚悟を決める」です。

その「覚悟」がぶれなければ、この取組みは半分以上成功したようなものなのです。「時短マネジメントシステム：ジタマネ」に取り組むと、様々な敵が水面下もしくは目の前に現れます。その敵を目の前にして社長の気持ちがぶれてはいけません。ぶれるくらいなら最初から取り組まないほうが良いのです。

私の経験では、この「覚悟」を社内に伝えるだけで残業時間やムダな労働時間が削減できる例をいくつも見てきました。しかし、社長の「覚悟」だけで残業時間やムダな労働時間が削減できたとしても、所詮それは一過性の減少ですから仕組みとして取り組んでいかなくてはならないのです。

◆2：全従業員から「自己申告書」を提出させる

残業時間・ムダな労働時間削減、生産性向上について全従業員から現状どのように感じているのかの「自己申告書」を提出させます。場合によっては、個人面接が必要な場合もあります。

◆3：プロジェクトチームの編成、プロジェクトリーダーの任命

「時短マネジメントシステム：ジタマネ」に取り組むプロジェクトチームとプロジェクトリーダーを選任します。

◆4：プロジェクトチームへの事前教育

何の予備知識もない状態でプロジェクトを開始しては却って、時間のムダとなりますから事前教育が必要となります。

◆5：現状把握

過去のデータを取得し現状把握します。この現状把握したデータをもとに改善度を測るのですから重要ですね。

◆6：日常の運用管理策の決定

小手先ではありますが，すぐにでもできる取組みを実施します。

効果が見込める運用管理策をステージ1で実施計画に組み込みます。

◆7：「就業規則」の改訂

「就業規則」の改訂は必須ではありませんが，規則として明確にすることにより不退転の意思表示に繋がるでしょう。

◆8：「時短マネジメントシステム：ジタマネ」への取組み宣言セレモニー

社長の覚悟を含め，「ジタマネ」への取組みを社内に周知するセレモニーを実施します。セレモニーは必須ではありませんが，できるだけ大きな花火を打ち上げることによりプロジェクトがスムーズに進むのです。

もう1つ社長にお願いしたいことは，最終的な責任は社長にあることも周知してあげてください。「時短マネジメントシステム：ジタマネ」の実務はプロジェクトチームで担当しますが，その結果責任は社長にあることを周知していただきたいのです。そのことが信頼関係に繋がります。

16 「時短マネジメントシステム：ジタマネ」のステージ　1

このステージ1は，「時短マネジメントシステム：ジタマネ」の実導入段階です。これからが本番というイメージです。本番ですから重要なことはいうまでもありません。

以下，「ステージ　1」の概略を説明します（第6章の表記とは若干異なり

ます)。

◆9：残業時間・ムダな労働時間発生原因を洗い出す
　残業時間・ムダな労働時間の発生には必ず原因があります。それを追究するのです。

◆10：「業務計画・処理日報」の活用
　「業務計画・処理日報」を使用し，計画に対しての実績（実態）を把握します。

◆11：取組リスクと取組機会を決定する
　リスクと機会を評価して取組リスクと取組機会を決定します。

◆12：プロセスリストラの選択，実施
　取組リスクに対してプロセスリストラを施します。

◆13：長期目標（3－5年後），短期目標（単年度）及び実施計画を策定
　3年から5年後の到達点（長期目標）と今年度の目標である短期目標及びその短期目標を達成するための具体的な実施事項である実施計画（プロセスリストラ策を含む）を策定します。また，"◆6：日常の運用管理策の決定"で実施を決定した運用管理策の中で効果が見込まれそうなものを組み込みます。
　目標と実施計画は「目標実行プログラム」で管理します。

◆14：実施計画（運用管理策，プロセスリストラ策を含む）を実行
　策定した実施計画を運用します。

◆15：残業時間，労働時間等を監視，測定及び検証

　今までの施策の成果を確認します。効果が認められない場合，どのような対策を施すのかも検討します。

　実は監視，測定項目は多岐に及びますので様々なことが浮き彫りになります。

◆16：取組結果の情報周知

　どのような結果であれ，掲示板，グループウェア，社内報等で結果を公表します。できれば，一区切りのつもりで全社員を集めて発表会をセレモニーとして開催できればなお良いでしょう。

◆17：効果ある施策を標準化する

　残業時間・ムダな労働時間削減，生産性向上に効果が確認された取組み，施策等を会社の共通プロセスとして標準化します。

17　「時短マネジメントシステム：ジタマネ」のステージ　2

　このステージ2は，「時短マネジメントシステム：ジタマネ」をさらに効果ある仕組みへ発展させ，定着させる段階です。

　以下，「ステージ　2」の概略を説明します（第6章の表記とは若干異なります）。

◆18：業務処理プロセスの明確化

　「工程管理表」を用いて自分たちが実施している業務処理プロセスを明確にします。会社によっては既に「業務フロー図」や「QC工程表」が存在しているかもしれません。その場合，積極的に活用します。

◆19：標準処理時間の設定

通常の力量を持っている従業員がその作業を処理するために必要な時間を決定します。

◆20：再度，取組リスクと取組機会を決定する

「工程管理表」で業務処理プロセスを明確にして，標準処理時間を設定した後に再度，取組リスクと取組機会を決定します。ステージ1で決定した，取組機会を取組リスクとは異なったリスク・機会が抽出できるでしょう。

取組リスクと取組機会はそれぞれ「取組リスク・目標管理表」「取組機会・目標管理表」で管理します。

◆21：プロセスリストラの選択，実施

取組リスクに対してプロセスリストラを施します。

◆22：短期目標（単年度）の改定及び実施計画の改定もしくは追加
　　　　（場合によっては長期目標も改定）

策定済みの短期目標と実施計画を改定します。また，場合によっては長期目標の改定も必要でしょう。

◆23：実施計画（運用管理策，プロセスリストラ策を含む）を実行

策定した実施計画を運用します。

◆24：残業時間，労働時間等を監視，測定及び検証

ステージ1での監視，測定項目と同じですが，追加項目として，従業員ごとの「のそり状態」「蒸発状態」「効率」「稼働率」等も対象となります。

その結果，効果ある施策をステージ1同様に標準化します。

◆25：取組結果の情報周知（掲示等で公表のみ）

　取組結果を掲示板で公表します。

◆26：不適合処置，是正処置及びインシデント管理

　「時短マネジメントシステム：ジタマネ」の運用における問題点発生時にその処置を行います。

◆27：内部監査

　適切に「時短マネジメントシステム：ジタマネ」が運用されているのか，効果が出ているのかなどを自分たちで確認します。

◆28：マネジメントレビュー

　「時短マネジメントシステム：ジタマネ」の全体的な運用結果を社長が総括します。

◆29：取組結果を組織内に発表：セレモニー

　ステージ2の集大成としての成果の発表の場です。

◆30：継続的改善

　「時短マネジメントシステム：ジタマネ」に終わりや完成はありません。常に改善あるのみです。

| 18 | 全ての行動は根拠をもとに行う：PDCAの本質 |

　場当たり的に実施して成果が出ることもありますが，それは，偶然でありまぐれです。

　継続して成果を出していくためには「再現性」を持たなくてはなりません。

第5章 「時短マネジメントシステム：ジタマネ」とは？

「再現性」を持つために「標準化」が必要であり「仕組み」が必要なのです。

また，そのためには「プロセス管理」が重要なのです。

要するに，成果を出すためのプロセスを明確にして，プロセス管理を施し，そのプロセス管理自体を標準化したものを仕組みとして運用していけばよいのです。そしてさらに継続的に改善していく。これこそが，

マネジメントシステムでありPDCAなのです。

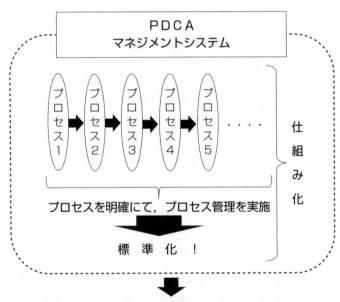

マネジメントシステムとして仕組み化すると再現性がある

56頁に"3 安易にPDCAを理解した気にならないでください"と少々失礼な表現をさせていただきましたが，「標準化」「プロセス」「プロセス管理」の意味を理解していない場合，「PDCA」で成果を出すことは難しいのです。
私が昨年執筆した「『プロセスリストラ』を活用した真の残業削減・生産性

向上・人材育成　実践の手法」(日本法令発行)の副題として,「PDCAだけでは成果は出ない」としたのもこの想いからです。

「まえがき」等で,"既存の残業対策では成果は出ない"と説明した根拠も前述の理由からです。

以上のように考えると,残業時間・ムダな労働時間削減をサポートしてもらえる可能性のある専門家は「品質管理を理解したマネジメントシステムの専門家」ということになりますが,労働基準法を始めとする労働関連法令についての知識を持ち合わせていないことが残念です。

過去に関与先企業の生産性向上プロジェクトを他のコンサルタントから引き継いだ際,驚いたことがあります。それは,プロジェクトとしての活動時間を労働時間に入れておらず,自主的な活動としていたのです。当然,プロジェクトメンバーからは不満の声が上がり,プロジェクト自体の推進が危うくなったところで私が引き継いだのですが,まず,私が実施したことは「プロジェクトの活動は労働時間であること」を社長に説得しご理解いただくことです。

解任された前任コンサルタントの言い分としては,「生産性を上げ労働時間を削減する活動で残業時間が増えては元も子もない」との意見だったそうです。理解できないこともないのですが,労働基準法の見地からいえば,プロジェクト活動は"労働時間"に該当するので外すことはできないのです。もし,このような意見が通るのであれば,

「商品開発は新製品を発売して利益を増やして儲けるために行います。しかし,開発担当者が業務として商品開発するのであれば,その労働時間が費用となり,会社の利益が減ってしまうので,開発担当者はプライベートの時間を活用して商品開発してください」
ということになりかねません。

もう1つの例としては,これも生産性を向上して残業時間を削減するプロ

ジェクトでしたが，社長曰く「これはあくまで従業員から提案されたプライベートな活動なので残業手当は一切支給しない」とのことでした。見かねた私が，「誰の差し金ですか？」と尋ねたところ，改善コンサルタントからの指導でした。

　そもそも，生産性向上・残業削減プロジェクトが従業員のプライベートな活動の場合，**社長はどのようにプロジェクトを全面的にバックアップして責任を取ることができるのでしょうか！**　この着眼点からして，このプロジェクトの成功は非常に厳しい状況といえました。

　残業時間・ムダな労働時間削減をサポートしてもらえる可能性のある専門家は「品質管理を理解したマネジメントシステムの専門家」であることは前述した通りですが，事例のように労働関連法令に無知であれば本末転倒です。この場合，品質管理を理解したマネジメントシステムの専門家が見つかった場合，当該専門家だけではなく，信頼できる社会保険労務士にプロジェクトのサポートを依頼することも１つの方法です。

　余談ですが，進行中のプロジェクトを担当していたコンサルタントに代わって私が指導させていただくことがあります。正直，一度，横道に逸れたプロジェクト・やる気をなくしたプロジェクトメンバーを再び正しい状況に矯正することは，とても大変なことなのです。これは，何もない真っ白な状態でプロジェクトを開始することに比べて非常に厄介なのです。

　また，プロジェクトは前述の通り，

通常の就業時間内に実施してください

　あなたの会社の就業時間が８：３０－１７：３０の場合，なるべくその時間内で２時間程をプロジェクトに費やしていただきたいのです。「ジタマネ」のプロ

ジェクトは通常の就業時間内で実施することに意義があるのです。もちろん止むをえない場合は，業務終了後の18：00～20：00に実施することは致し方ないですが，プロジェクトのパフォーマンスは就業時間内に比べて落ちることは否めませんし，その場合，時間外労働手当は必ず支払ってください。

　もう1つ，就業時間内にプロジェクトを実施する理由は，プロジェクトメンバーであっても通常の日常業務があるからです。その日常業務の場を離れてプロジェクトに参加するということは，日常業務実施の場で他の従業員に助けを借りることになります。これが重要なのです。

　通常，このようなプロジェクトを実施する場合，プロジェクトメンバー以外の従業員は，「自分には関係ない。会社が勝手に実施していること」と思いがちですが，プロジェクトメンバーが日常業務実施の場を抜けた"穴"を他の従業員に埋めていただくことにより，プロジェクトへの間接的な参加意識を持っていただきたいのです。そこで，「プロジェクトの実施により俺は大変迷惑している。いい加減にしてほしい」と思う従業員もいるかもしれませんが，それはそれでその従業員の現時点での感覚が分かったことも収穫としてください。

19 「ジタマネ」では，小手先の手法も有効？

　根拠のない小手先や思いつきの残業時間削減対策は効果がないことは説明済みですが，実はマネジメントシステムの中に組み込み管理していくことで効果を発揮する場合がしばしばあります。
　要は「ジタマネ」に組み込むのです。組み込む方法は次の2種類です。
① 　ステージ0の日常の運用管理策で組み込み，検証していく
② 　「取組リスク」「取組機会」から展開した目標達成のための実施計画の一部として組み込む
　詳細については，次章（第6章）で解説していきます。

20 「ジタマネ」への取組みは，最も効率良い投資

　以上，当章では「時短マネジメントシステム：ジタマネ」の概要と用語を中心に解説をしてきましたが，内容をご覧いただけるとお分かりのように多岐にわたる知識に基づいて「時短マネジメントシステム：ジタマネ」が策定されています。

　ただ，誤解の無いように念を押しますが，「時短マネジメントシステム：ジタマネ」を活用して残業時間・ムダな労働時間を削減し，生産性を向上するには，**社長ではなく社長が任命したプロジェクトリーダーが「時短マネジメントシステム：ジタマネ」の仕組みを理解していただかなければならないのです。**

　今まで，「マネジメントシステム」や「時短」について意識したこともない従業員をプロジェクトリーダーに任命して，果たして成功するのだろうか？と社長は心配するかもしれませんが，大丈夫です。

プロジェクトリーダーは必ず「ジタマネ」を成功に導ける！

　本人が前向きに取り組めば，必ず成功します。確かに今まで聞いたことが無いような用語や考え方がたくさん出てくるかもしれませんが，いずれも難しい考え方ではなく，当たり前のことばかりです。

　「ジタマネ」で活用するこれらの知識については，今まで知らなかったことが実にもったいないのです。この"知らないことがもったいない知識"を身に付け，「時短」を進めるのですから失敗することは考えないでいただきたいのです。そして何より，自分たちの日常業務についての「時短」活動ですから失敗は考えにくいのです。そうです！「ジタマネ」の知識を持たない外部の人間があなたの会社の時短を指導するわけではないので心配しないでください。

　仮に失敗するとしたら，皆が前向きに取り組まない場合です。確かにプロ

ジェクトリーダーが十分にリーダーシップを発揮できない場合も想定されますが，そんな時こそ，社長が，そのプロジェクトを全面的にバックアップして，従業員が時短に向けて前向きに取り組めるよう努めてください。

そして，この第5章の最後に，社長，よいですか！

労働時間・残業時間削減・生産性向上のための「時短マネジメントシステム：ジタマネ」への取組みは　投　資　であるということを覚えておいてください。しかも，その投資は非常に回収率の高い投資であることをご理解ください！

第6章
「時短マネジメントシステム：ジタマネ」のプロジェクトの進め方

　この章では，実際に「時短マネジメントシステム：ジタマネ」のプロジェクトを進めていく手順を説明していきます。この章では，「時短マネジメントシステム」を「ジタマネ」と表記していきます。

「ジタマネ」＝残業時間・ムダな労働時間削減，生産性向上のためのマネジメントシステム

　また，"残業時間・ムダな労働時間削減，生産性向上"を一括りにして「時短」と表記します。

「時短」＝残業時間・ムダな労働時間削減，生産性向上すること

「時短マネジメントシステム：ジタマネ」のフロー

1 ステージ0：社長が覚悟を決め,「方針」の策定,掲示：P
2 ステージ0：時短への取組みを社内に公表する：P
3 ステージ0：プロジェクトメンバーの募集：P
4 ステージ0：プロジェクトチーム編成,リーダーの任命：P

→ 1, 2か月

5 ステージ0：プロジェクトチームへの事前教育：P
6 ステージ0：プロジェクト遂行に対するリスクを洗い出し対策を実施：P
7 ステージ0：現状把握：P
8 ステージ0：日常の運用管理策の策定：P
9 ステージ0：文書管理の仕組み造り,「就業規則」の改定：P
10 ステージ0：取組セレモニー（全社的に）：P

→ 3, 4か月

11 ステージ1：残業・ムダ労働時間の発生原因の洗い出しリスクと取組リスクの決定：P
12 ステージ1：残業・ムダ労働時間の削減に繋がる機会の洗い出し機会と取組機会の決定：P
13 ステージ1：プロセスリストラ策決定：根本的な作業改善：P
14 ステージ1：長期目標,短期目標及び実施計画の策定：P
15 ステージ1：実施計画の実行：D
16 ステージ1：監視,測定及び検証：C
17 ステージ1：取組結果を周知する（全社的に）：C
18 ステージ1：効果ある施策を標準化する：A

→ 12か月

第6章 「時短マネジメントシステム：ジタマネ」のプロジェクトの進め方

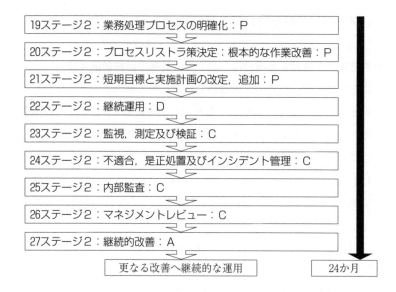

　上図のように「ジタマネ」は，24か月かけて「ステージ０」「ステージ１」「ステージ２」と進んでいきます。

　ただ，この"24か月"は目安ですので，各企業の状況により異なります。そして，24か月経過後も継続して永遠に運用していくことになりますが，24か月過ぎたころ，要するに「ステージ２」のPDCAが一通り廻れば，仕組みが定着するためスムーズに「ジタマネ」の運用が可能となるでしょう。

　なお，上図では，敢えて，フローごとにPDCAの表記をしましたが，PDCAは大きなもの，小さなものがあり，無理に当てはめる必要はないのかもしれませんので，目安として考えてください（特に「ステージ０」「ステージ１」については）。

◆ 「ジタマネ」に取り組む前の最低限のルール

「ジタマネ」に取り組むにあたり次のルールを徹底してください。

① 社内で業務を依頼する場合は，必ずその業務の目的を伝える

このことを既にルール化している企業もあるかと思いますが，なかなか徹底できないものです。まず，徹底して業務の目的である，「なぜ，その作業が必要なのか？」「何の目的のための作業なのか？」を明確に伝えるのです。そして，できるだけその目的に到達するためのプロセスも指示するのです。この"目的に到達するためのプロセス"は，今後，「ジタマネ」への取組みが進むにつれて標準化していけばよいのです。標準化さえしていればプロセスをいちいち伝える手間が省けますね。

また，"目的"を伝えることにより次の効果が期待できます。

・作業方法に迷ったとき，自分で解決できる
・考えて行動する習慣が付く

② その業務完遂の期限を決定し伝える

期限を決めることは当然のことなのですが，期限が曖昧な場合が非常に多いのです。その理由として作業を依頼する方の（通常は上司），都合である場合が多いのです。

通常，下図のように一連の業務完成までには数多くのプロセスが繋がっています。

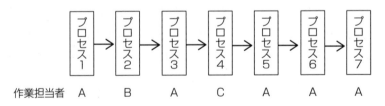

課長であるA氏が部下のC氏に「プロセス4」の作業を依頼し，その作業完遂の期限を決めてしまった場合，「プロセス4」の作業完遂後はA氏自身が「プロセス5」に取り掛からなくてはなりませんので，自分で自分の首を絞めないために敢えて期限を曖昧にしてしまうのです。

第6章 「時短マネジメントシステム：ジタマネ」のプロジェクトの進め方

　このことはスウェーデンでの時短の調査のとき指摘を受けた「日本では他人のための作業をしているのではないか」と同様，日本の長時間労働の原因であると思います。
　そもそも，"期限"の無い作業に「生産性」という概念はありません。
　私たちも奥ゆかしい日本人であるため，「お時間があるときにでも」とか「いつでも構いませんので」と何か依頼する場合に付け加えることがありますが（私自身も非常に多い！反省！），ビジネスの上では慎む必要があります。

③　依頼相手に要求する行動を明確にする
　このことには，業務の目的を伝えたり，期限を設定することと重複しますが，他の具体的な行動も明確にしておくべきです。日本人の長所である，「あ，うんの呼吸」，「察していただいて」，「言わなくてもわかるだろう」は，依頼側のエゴと認識すべきです。
　私自身，マネジメントシステムの監査業務の際，「これぐらいのことは言わなくても理解してもらえるだろう」や「この先のことは推察してもらえるだろう」といったことが，監査を実施する側のエゴであることに気付いたのは監査業務を始めて10年近く経ってからで，欧米系の組織の監査業務を遂行するようになってからです。

　日本的慣習にどっぷりつかっている方から見ると（私自身もそうでしたが），「随分殺伐とした社会になったなぁ」と思えますが，これもグローバル化の流れと割り切る必要があるのではないでしょうか。
　日本的慣習は，非常に良いこともあり，日本人のきめ細やかさの要因であると思いますが，残業時間・ムダな労働時間の原因であることも間違いありません。第一に「おもてなし精神・気が利く人」が日本人でも非常に少なくなってきていますので，日本的慣習をビジネスに持ち込んでいることが今後ますます労働時間を増やしていくことに繋がるのではないでしょうか。

1　ステージ0：社長が覚悟を決め，対象部署の決定，「方針」の策定，掲示

「ジタマネ」に取り組む目的は，残業時間・ムダな労働時間削減，生産性向上ですが，もう少し詳しく説明しますと次のことを目指す取組みとなります。

[「ジタマネ」の目的]

適正労働時間の実現
"適正労働時間"とは？ ・ 効率＝できるだけ高いレベル ・ 稼働率＝100％ ・ 妨害時間＝ゼロの実現

また，副次的な目的として，
・時短を実現することにより，CSR（corporate social responsibility：企業の社会的責任）実践企業になる。

以上の目的を必ず実行するという覚悟を決めなくてはなりません。

次に，「ジタマネ」へ取り組む部署を決めます。全社的に（全部署）で始めることも可能ですが，その場合，プロジェクトの進行スピード，遅延，難易度が上がるなどの弊害がありますので，最初は，部署を絞って実施するほうが良いでしょう。また，残業時間が多い部署を対象にすることも必要です。

この"対象部署の決定"は，この時期に確定せず，後程説明する"現状把握"の結果をもとに決定しても構いません。現状把握では，
・会社全体の年間及び月間の残業時間数と所定外賃金
・部署ごとの年間及び月間の残業時間数と所定外賃金
・個人ごとの年間及び月間の残業時間数

の現状を明確にしますので，その結果をもとに「ジタマネ」実施部署を決定するのです。

「ジタマネ」は，当初は一部署で始めても，その後，全社的に取り組むマネ

ジメントシステムであることを認識しておいてください。そこで次のような疑問が湧くかもしれません。

「〇〇部では，ここ数年残業ゼロなのですが取り組む必要があるのですか？」
と。回答は，

「もちろんです！」

実は「ジタマネ」は，既に残業時間やムダな労働時間が発生している場合の修正・是正処置としての仕組みであると思われているのでしょうが，もう1つの目的があるのです。そのもう1つの目的とは

「ジタマネ」は予防処置の仕組みなのです

現状では，残業ゼロであってもいつ，残業やムダな労働時間の"芽"が出てくるか分かりません。その場合に備えて残業ゼロ部署であっても「ジタマネ」に取り組む必要があるのです。ただ，残業ゼロ部署では，「ジタマネ」への取組みも非常に軽いものになります。

似たようなマネジメントシステムとして「食品安全マネジメントシステム」があります。このマネジメントシステムは，消費者に安全な食品を届けるための仕組みですが，言い換えると，「健康を害する可能性のある不安全な食品を消費者に届けないための予防処置の仕組み」なのです。

同様に「ジタマネ」を言い換えると**「ムダな労働時間を発生させないための予防の仕組み」**となります。

さらにもう1つの「ジタマネ」の目的は，既に説明しているように**改善**です。5人の仕事を4人で処理できるようにするための生産性向上ですね。

以上，現時点で残業ゼロの部署であっても「ジタマネ」導入の必要性を説明しました。ただ，取組部署の優先順位は，現状把握後のデータもとに決定しても構わないのです。

現状把握後に「ジタマネ」取組部署を決定するとなると，現状把握前に取り

組む次の活動が無駄にならないかとの声が聞こえてきそうですね。
・プロジェクトチームの編成
・事前教育
・プロジェクトを遂行する上でのリスク洗出し・対策実施

　大丈夫です。ムダにはなりません。前述のように「ジタマネ」は最初，残業時間の多い1つのもしくはいくつかの部署で始めたとしても，いずれは全社的に広げていく活動ですから。

　"プロジェクトチームの編成""事前教育"は，対象部署以外の従業員が含まれていたとしてもそのまま参加してもらうことがよいでしょう。"プロジェクトを遂行する上でのリスク洗出し・対策実施"については，確かに，すぐに「ジタマネ」に取り組まないのであれば，ムダのような気もしますが，「ジタマネ」のように反対理由のない前向きな取組みに対するリスクを部署単位で把握しておくことは，日常業務や他の取組みを進める上でも有効であることをご理解ください。

　社長が覚悟を決め，対象部署を確定後は，プロジェクトの計画を予め策定する必要があります。もし，当プロジェクトの指導をコンサルタントに依頼するのであれば，尚更「計画表」を策定すべきでしょう。

　「ジタマネ」のようなプロジェクトでは，必ず○年○月までに○○までの成果を出すという到達点を予め策定しなくてはなりません。もちろん，計画はあくまで計画ですからPDCAを廻していく中でCheck（検証）の結果，Act（修正・是正）を経てPlan（計画）が変更になる場合も想定されますが，最初からプロジェクト計画を策定しないことはナンセンスです。
　そもそも，時短が目的なのですから無尽蔵に貴重な時間を費やしてよいわけはありませんね。
　「ジタマネ」自体はマネジメントシステムとしてPDCAを廻すのですから永

遠に続いていきますが，プロジェクト自体は終期があって然るべきです。ましてや，その指導について費用を払って外部のコンサルタントに依頼するのであれば，指導期間を決めてもらわなくてはコンサルティング料金も確定できません。

　通常，私が「ジタマネ」の指導に入る場合は，月1回（約2時間）で，24回指導を実施しています。24回というと24か月かかりますが，月2回（計約4時間）のプロジェクトが可能であれば12か月で終了します。
　ここで誤解していただきたくないことは，24回目に時短効果が現れるのではなく，時短効果は徐々に表れていき，極論をいえば1回目から時短効果を実感できることもあるのです。そして，24回目には効果が最大になるのです。ただ，1回目から時短効果が表れたとしてもそれは「社長の決意に圧倒された」とか「だらだら作業していてはいけないと悟った」とか「自分がサボっていると判断されたくない」などの科学的な方法での削減成果ではありませんので，長期間継続させることはできないのです。
　時短削減効果を長期間（できれば永久に）継続させるには，マネジメントシステムとしての仕組みを構築し運用していく必要があるのです。

　以上まとめますと，「ジタマネ」のプロジェクト期間は，
　・月1回2時間プロジェクト活動が可能な場合＝24か月
　・月2回，計4時間プロジェクト活動が可能な場合＝12か月
を目安にしてください。

　また，外部のコンサルタントに指導を仰がない場合，プロジェクトリーダーとメンバー（予定者）のうち1，2名（計2，3名）は，事前に「ジタマネ」について学ぶ必要があるでしょうから，その期間を余分にみることが必要です。ただ現時点では，深い知識は必要なく，プロジェクトを進めながら学習していくことも可能でしょう。

次に必要なことは，「方針」を作成することです。「方針」とは，ポリシーですから社長の"想い"が込められたものでなくてはなりません。
　名称は，「時短方針」でも「時短マネジメント方針」でも構いません。
　そして，次のことの全てもしくは一部を，「方針」自体の文章もしくはその下の階層の方策として組み込むことが必要でしょう。

・残業時間・ムダな労働時間発生は組織にとって悪である
・時短活動には一致協力する（非協力的な従業員は服務規律違反である）
・時短実現のために外部・内部の人・組織へ協力依頼する
・有能な人材とは決められた時間内で業務を完遂する人材であること
・常に残業時間・ムダな労働時間発生に目を光らせ，常に生産性を上げることを念頭に活動する組織風土を構築すること

　「方針」を策定したら社内の見やすい場所に掲示してください。もちろん，グループウェア等にアップすることでも構いません。要は「方針」は社内に周知する必要があるので，周知に有効な手段を実施していただきたいのです。

　原始的な方法ではありますが，社内で従業員からみて一番目に付きやすい場所に「掲示板」を設置して「ジタマネ」の活動状況を常に紙ベースで公表するために活用してください。
　「掲示板」には，「方針」だけではなく，様々な「ジタマネ」活動の情報を掲示していきます。また，従業員に興味を持ってもらう文書作成を心掛け，キャッチフレーズ等のセンスも磨いてください。ただし，その文書作成のために過度の時間を費やすことは本末転倒ですが。

2 ステージ0：時短に取り組むことを社内に公表

会社として，残業時間・ムダな労働時間，生産性向上のために「ジタマネ」に取り組むことを社長自らが発表します（口頭でも，書面でも可）。

その際，「決して，後戻りはしない」という社長の肝いりによる不退転で臨むことを強くアピールしてください。

従業員は常に社長の本気度を測っています。

巷の社長によくありがちな「計画倒れ社長」「新しいもの好き社長」に代表される，どこかのセミナーや先生職業から吹き込まれた取組みをやりたがる場合，従業員は心底あきれています。そのため，社長は，「んっ？　今回の社長は本気だぞ」と従業員に思わせる必要があるのです。

もう1つ必ず公表していただきたいことがあります。

この「ステージ　0」では，現状把握を行います。

現状把握では過去1年から3年の残業時間等のデータを把握しますが，この"過去1年から3年"の部分はこの時は伏せておき，単に，

「来月の個人別の残業時間もデータ取りして，公表します」

と社内に公表するのです。

たったこれだけで残業時間が削減されることが多いのです。どういうことでしょうか？　仮に，残業時間が多いことに対して授業員の中に後ろめたさがある組織の場合，自分の残業時間が多いことを公表されたくないので，「残業を減らそう」という気持ちが働いた結果，削減されるのです。

しかし，この現象で残業時間が削減されたとしても正に小手先の手法ですから，いずれ元通りになります。ただ，「ジタマネ」というプロジェクトにとって幸先が良いことに変わりはありませんね。

3 ステージ0：プロジェクトメンバーの募集

　プロジェクト稼働に先立ち，プロジェクトメンバーを募集します。その際，単に「時短プロジェクトのメンバー募集」ではなく，他の着眼点からの募集メッセージが欲しいところです。例えば，
　　「・残業をなくして充実したプライベートを過ごしたいヒト募集！」
など。

　次に，全従業員にアンケートとして，「自己申告書」を提出してもらいます。記入は5分くらいでできる簡単なものですが，質問内容を辛辣なものにすることで，「ジタマネ」に取り組む前提ではなくも社長にとっては非常に有益な情報となるようにしましょう。

　通常，この手の「アンケート」は会社批判や上司批判になる可能性があり，記入し難いと感じる従業員もいるかもしれませんが，当「アンケート」は自分自身にフォーカスをしている質問を多くすることで記載しやすいかと思います。ただ，社長としては，「このアンケートへの記載云々で処遇が悪くなることは一切ありません」と事前に伝えておくことが必要です。

　「アンケート」には次の内容を盛り込むと良いでしょう。

　・プロジェクトへの協力の有無
　・現状の業務処理のムダの有無
　・労働時間を減らすことができると思うか
　・組織風土について　　　　　　　　　　　など

　そして，「アンケート」の結果如何により個人面接が必要と判断した従業員に対して個人面接を実施します。

　誤解しないでいただきたいことは，面接は，「ジタマネ」への取組みに後ろ向きな従業員や会社の姿勢に批判的な従業員を正すことではなく，社長が従業員の意見に耳を傾ける良い機会として実施するものと位置付けてください。

第6章 「時短マネジメントシステム:ジタマネ」のプロジェクトの進め方

あなたの会社がやろうとしていることは、残業時間・ムダな労働時間を減らし、生産性を上げていく非常に有意義な活動です。その活動のヒントとなることが従業員から得られることが多いのです。このチャンスを逃す手はないということです。

◆ ネット上に提案ボックス設置

私が指導させていただいている関与先では、従業員から時短に関する様々な意見を募集するためにインターネット上に「提案ボックス」を設置することが多いのです。

この「提案ボックス」は、スマートフォン、パソコンから匿名で(もちろん実名も可)、意見を書き込むことができます。ただ、この「提案ボックス」はほとんど使われない企業とかなり投稿数が多い企業が二分されています。

取組当初からプロジェクトチームだけではなく会社全体として「ジタマネ」に前向きな場合は、投稿数が多くなる傾向ですが、100％前向きな投稿とは限りません。数は多くありませんが、ネガティブな投稿も見受けられます。そのようなネガティブな情報であっても、改善や是正のヒントになる場合が多いので、決してもみ消さないことが重要でしょう。

また、投稿内容の公表先について
・全社員
・プロジェクトチームのみ
・プロジェクトリーダーのみ
・社長のみ
・コンサルタントのみ(コンサルタントを活用する場合)

を予め決めておいて、必ず守る必要があります。ここで虚偽行為をしてしまうと必ず情報は洩れますし、従業員からの信頼はガタ落ちになってしまい、「ジタマネ」のプロジェクトに黒い影を落とすことになります。

私自身、関与先の従業員から、「実は聴いていただきたいことが・・・」と

か「お話しておかなくてはならないことが・・・」ということがよくあるのです。

　従業員は新しいこと・面倒くさいことは極力やりたくないのが本音ではありますが，「ジタマネ」のような新しいプロジェクトが始まると，自分自身が「このようにして欲しい」と改善・解決したいことが，「このプロジェクトで改善・解決してもらえるのではないか？」と期待をしている場合も多々あるのです。

　そのような意見に応えるために，如何に意見を「言いやすいか」「伝えやすいか」を考える必要があります。そこで，インターネット上の「提案ボックス」を活用するのです。ただ，年配の方が中心の企業ではインターネット上ではなく，通常のポスト形式の「目安箱」のほうが良いかもしれません。要は，どの方法が手軽に投稿や提案ができるか？　で考えるべきです。

4　ステージ0：プロジェクトチームの編成，時短責任者，時短事務担当者及びメンバーの任命

　先に実施した"プロジェクトメンバー募集"に対する応募の状況，「アンケート」や個人面接の結果をもとにプロジェクトチームを編成します。

　プロジェクトチームは何名くらいの編成が良いのでしょうか？　という質問をいただく時があるのですが，"何名が良いのか？"という質問は適切ではありません。なぜなら，プロジェクトチームで「ジタマネ」対象部署のほぼ全ての業務を理解しなくてはなりませんので，もし社内に全ての業務を理解している仙人のような方がいらっしゃる場合は，その"仙人従業員"と事務担当者だけでも良いのかもしれませんが，そんなことはまずありえません。そのため通常は，各対象部署から1名選出していただいております。

　ただし，プロジェクトメンバーがあまり多くても意見がまとまらないので，最大でも8名ほどが良いでしょう。通常でしたら，5名くらいでしょうか。

　また，固定メンバーを4名ほどにしておき，その都度，プロジェクトの実施

内容によりフレキシブルにメンバーを増やしたり，減らしたりしていくことも可能でしょう。

　私自身250以上のプロジェクトをコンサルタントとして成功に導いてきたことは前述しましたが（ゴメンナサイ，2つ失敗がありましたが・・・汗），そのプロジェクトのメンバー選定の際，必ず社長から相談を受けます。「メンバーを誰にしましょうか？」と（不思議なもので，実はプロジェクトリーダーは必ずといってよいほど社長の頭の中では選任済みなのです）。その際，私は社長へ，

「このプロジェクトに参加すること自体は管理者研修以上の意義がありますので，社長が『もうすこしコイツが伸びてくれればうちの会社もあと20年安泰なのに』と思える社員を選んでください」
とアドバイスしていました。

　その結果，社長が「では，こいつも，あいつも，この人も」と選んだ結果，プロジェクトメンバー数が15名を超えてしまい，意見がなかなかまとまらないプロジェクトの運用で苦労したことがありましたので，多くても8名ほどが良いでしょう。

　ただ，私が社長にアドバイスした着眼点（プロジェクト参加は管理者研修以上の意義）は，正しいので参考にしてください。一般に集合教育等で行われる座学の管理者研修よりこのようなプロジェクトへの参加が管理者育成により効果が高いことは社長であるあなたなら十分にご理解いただけることでしょう。

　プロジェクトメンバーが決まれば，その中から次の役割者を選任します。
・プロジェクトリーダー（時短責任者）
・プロジェクトサブリーダー（副時短責任者）
・事務担当者（事務局）

　実はサブリーダー（副時短責任者）はそれほど重要ではありません。重要な

のはプロジェクトリーダー（時短責任者）です（サブリーダーの選任が重要な場合は後述）。私が関与してきたプロジェクトで一番多かったプロジェクトリーダー選任事例は二代目です（次期社長）。

　甘いかもしれませんが，次期社長（二代目，三代目，・・・）に経営改善に関わるプロジェクトで成功体験をしていただきたいのです。
　特に「ジタマネ」のように組織風土の改革を行い，会社，従業員ともに利益を享受できる取組みには，「次期社長が成功に導いた」という事実が非常に有益なのです。
　私もこのような状況でコンサルタントとして指導させていただく場合，コンサルタント自身は主役にならずに，プロジェクトリーダーが主役になるように気を配るようにしています。
　コンサルタントという人種のほとんどは「目立ちたがり屋」のようですが，コンサルタントは所詮，黒子なのです。

　黒子に徹して，プロジェクトを成功させ，プロジェクトリーダーに"華"を持たせられることがコンサルタントとしての"力量"と"品"だと思います。

　ですから，「ジタマネ」をコンサルタントに頼らずに自社従業員のみで取り組む場合でも，プロジェクトリーダーに"華"を持たせることができる実力ある従業員をプロジェクトサブリーダー（副時短責任者）に選任する必要があります。この場合，サブリーダー（副時短責任者）の選任は非常に重要ですね。

　事務担当者については，ベテランでなくてもワード，エクセルが普通に使用できる従業員であれば問題ありません。極論を言うと，本日入社の従業員でも構いません。ただし，長期間勤めていただける方ということが条件です。もう1つ，「素直な人」です。

このようなプロジェクト活動をしていると，プロジェクトメンバー以外の従業員からは，「会社の上層部が勝手に活動している」と思われがちですので，若手従業員や女性従業員も積極的に登用してください。パフォーマンスでも構いませんので。そうすると，「なんだ，あの娘もプロジェクトメンバーなんだ。上層部だけの活動ではないんだな」と思っていただけますので。

また，各人が責任を持ってプロジェクトを進められるよう，メンバーにはなるべく「任命書」を渡しましょう。

5　ステージ0：プロジェクトチームへの事前教育（初期教育）

プロジェクトメンバーに対しては事前教育が必要です。
主な教育内容は次の通りです。
・マネジメントシステム（PDCA）
・プロセスについて
・プロセスリストラについて
・問題発生からの一連の対応について
・のそり状態，蒸発状態，妨害時間，リスク，機会，原単位等について
・標準化，標準処理時間について
・労働基準法等の労働関連法令の基礎
・品質管理の基礎
・生産性向上の基礎
・欧米の労働時間の現状の基礎
そして一番重要な
・「ジタマネ」自体について

時短コンサルタントを活用する場合は良いのですが，自社だけで「ジタマネ」に取り組む場合，上記の内容は盛りだくさんで少々ウンザリと思われるかもしれません。しかし，労働基準法等の労働関連法令，品質管理以外はあなたが今までこの本で読まれてきた内容もしくはこれから読まれる内容なのではな

いでしょうか。ですから，この本をテキストにしていただければかなりの内容の教育が可能です。この本に書いてないことも巻末の"参考文献"に記載してある書籍でほぼ大丈夫でしょう（ただ，労働基準法については過去の実務経歴の中の知識を活用し，今回，参考にした文献は無かったので記載しておりません）。

ところで，分野ごとの力量・知識を身に付ける最短の方法をご存知ですか？
・「エキスパート講師の研修を受ける」・・・違います
・「自分で研修費用を支払い受講する」・・・良い着眼点ですが違います
答えは，

「その分野の講師を担当する」

「なーんだ」と思わないでください。私はまじめなのです。
「その力量が無いから，力量を身に付けるための方法が知りたかったのに」と叱られそうですが，私は大まじめなのです。
　私がお伝えしたいことは，なにも「税理士相手に所得税法の講義をしてください」と言っているのではありません。
　例えば，この「ジタマネ」について，まだ一番理解が深い（と思われる）プロジェクトリーダーやサブリーダーが自分なりに学んだことを，「ジタマネ」について何も見識が無いメンバーにレクチャーしてくださいということです。
　他人に教えることにより自分が一番勉強になるのです。
　このことを実践することにより一皮むけるのですが，残念ながらそこまでの手間をかける方が少ないことも事実です。

　また，一番ムダな事例は力量が中途半端というか不明な（もしくは力量が全くない）外部の方に講師を依頼することです。
　17頁にコンサルタントや士業（税理士，社会保険労務士，行政書士等）は"彼らは得意分野でなくても受託する場合が非常に多いのです。"と説明しましたが，この講習依頼も同様のことがあります。

第6章 「時短マネジメントシステム：ジタマネ」のプロジェクトの進め方

以前、私の関与先でマネジメントシステムの監査業務を数年担当していた企業があったのですが、その企業の内部監査のできが非常に悪いのです。そのやりとりは以下の通りです。

企業担当者　「当社の内部監査の何が問題なのでしょうか？」
　　私　　　「内部監査員の力量に問題があるのではないですか」
企業担当者　「内部監査員講習は毎年丸一日かけて実施しているのですが」
　　私　　　「・・・・・・・・・」

もうお分かりでしょうか？
ハッキリ言って、内部監査員研修の担当講師の力量が無いのです。力量の無い講師がどれだけ教えたとしても有効な内部監査員研修とはなりません。極論言うと受講するだけ時間のムダかもしれません。

この本の中で「全ての問題には原因がある」と何度も説明しました。要するに「根拠」があるのです。上記の企業の内部監査員講習の担当講師の力量は何なのでしょうか？　その力量が客観的にみて"力量有り"と認められないのであれば、内部監査員講習の講師としての根拠がないことになります。このように資格を取る必要のない業務の場合はなおのこと、その根拠が必要なのです。

この本についても力量の根拠が不明な著者であればここまでお読みいただけなかったですよね。

皆さんも医師免許を持たない自称医師に病気の治療をしてほしくないですよね。ブラックジャックのような例外はありますが、あくまで例外なのです。

ものごとには全て根拠があることをご理解ください。

そこで1つ疑問が湧くのではないでしょうか？
プロジェクトリーダーがジタマネの講師をしても良いのか？
もっともな疑問です。
良いんです！　確かに、プロジェクトリーダーは「ジタマネ」の知識としてはまだまだ不十分かもしれませんが、あくまでメンバーに対する初期教育ですから社内講師の場合、それほど専門的な内容までレクチャーする必要性はあり

ません。また，社内講師の場合，外部講師にはない知識があります。それは，現状の組織風土を認識しており，かつ，自社の業務内容・業界の慣習を熟知しているからです。

このことを根拠に初期教育の社内講師を務めることは問題ないでしょう。ただし，本人が「ジタマネ」の知識吸収に努力する必要があることは当然です。

6 ステージ0：プロジェクトを遂行する上でのリスクの洗い出し・対策実施

残業・ムダ労働時間削減，生産性向上を妨害する2種類の敵とは，
- 残業代を減らされては困る従業員
- 自分の担当業務の処理方法を教えたくない従業員

プロジェクトを妨害する可能性のある敵はほかにもいるかもしれませんが，おおよそこの2種類です。これら従業員の性質が悪いのは，時短への活動は誰が見ても正しい活動なので，表立って反対することはできず水面下でうごめくからです。逆に，「時短へのプロジェクトをやるならその分の時間が無駄だからやめてください」などと言ってくる従業員は，成果が表れ出すと協力者に変わりますので放置しておいても問題ない場合が多いのです。

以上は，「ジタマネ」に取り組むプロジェクトを遂行する上でのリスクです。
このリスクを最初に洗い出し，リスク評価を行い予め対策（プロジェクト妨害者対策）を施しておくことが必要です。また，この"リスク評価"は今後の活動で大きな力を発揮しますので，リスク評価に慣れておくにも簡単にできる"プロジェクト遂行に関するリスクアセスメント"を実施しておくことは有益でしょう。

7　ステージ0：現状把握

過去のデータを取得し現状把握します。

通常は，過去2年間ですが，このデータに比べて今後どのように改善していくのかを測るので，それにふさわしいデータが必要となります。

場合によっては，過去3年間もあり得ますし，過去1年間のデータでも良いかもしれません。また，昨年度は異常な状態であったので2年前の1年間のデータを活用した場合もありました。

把握するデータで主なものは次の通りです。

・会社全体の年間及び月間の残業時間数と所定外賃金
・部署ごとの年間及び月間の残業時間数と所定外賃金
・個人ごとの年間及び月間の残業時間数
・原単位の基礎とするデータ（部署別や全社的な売上等）
・平均残業時間
・残業時間の最低値，中央値及び最高値

また，把握したデータを必要に応じて「パレート図」「ヒストグラム」で視覚化したり，場合によっては残業時間について標準偏差も求めます。

8　ステージ0：日常の運用管理策の決定

小手先の対策である，「残業申告制」「強制消灯」「ノー残業デー設置」や，残業時間自体の削減ではありませんが「変形労働時間制」等も「ジタマネ」というマネジメントシステム（PDCA）の一部として取り組みます。これらの対策はやりっぱなしにしないことが大切であり，また，これら小手先の対策による弊害が出ていないのかも検証する必要があります。

9 ステージ0：文書管理の仕組みづくり，「就業規則」の改定

　マネジメントシステムが適切に運用されている組織は文書管理が非常にうまくいっています。

　適切な文書管理とは，必要な文書が，必要なときに，必要な場所で使用可能な状態であることは説明した通りですが，さらに詳しく説明すると次のようになります。その前に文書と記録について説明します。

[文書と記録のイメージ]

（記録 ⊂ 文書）

◆ 文書と記録

　記録は文書の一部であり，マネジメントシステム規格では，文書と記録を敢えて分けてはいませんが，やはり，その性格は異なりますので，ここでは文書と記録について解説しましょう。

文書：内容に指示が含まれている

　　　適宜，改定される

記録：事実を記すもの（結果を記す）

　　　記録作成後（記載後）の改訂は原則あり得ない

　この説明だけではピンと来ないかもしれませんので「就業規則」を例にとって考えてみましょう。

　「就業規則」を前述の文書もしくは記録の要件に当てはめてみますと，「就業規則」には，"当社の始業時刻は午前8時から・・・"と指示が規定されています。他にも服務規律にはやるべきこととしてはいけないことの指示が規定されています。また，改定については，労働基準法の改定や社内の就労のルール

が変わった場合、「就業規則」も改訂されます。このことから「就業規則」は文書といえるでしょう。

次に「業務日報」（記入済み）について考えてみますと、「業務日報」はその日に実施した業務の内容を記載します（結果を記す）。また、後からその記載内容を変更することは適切とはいえません。このことから「業務日報」（記入済み）は記録といえるでしょう。

では、この「業務日報」の様式（帳票）はいかがでしょうか？　様式ですから使用前の状態と理解してください。使用前（記入前）の「業務日報」は文書でしょうか、記録でしょうか？

使用前の「業務日報」は文書です。

「業務日報」には、氏名記載欄や業務内容記載欄がありますね。これらの記載欄は「ここに記載してください」という指示なのです。そして、仮に様式が使いにくいのであれば枠や記載欄を変更します。これが様式の改定となります。以上のことから文書の定義である"指示がある"と"改定がある"が満たされることになります。

◆ 文書管理とは？

文書管理は前述の通り「必要な文書が、必要なときに、必要な場所で使用可能な状態であること」です。

この"必要なとき"と"必要な場所"というのは理解がしやすいと思いますが、"必要な文書"というのは少々難しいですね。例えば、機械・設備の整備・点検の手順書として、「機械・設備　整備・点検手順書」が作成されていますが、現場に有る「機械・設備　整備・点検手順書」は、必要な文書なのでしょうか？　そこで当事例で"必要な文書"とは何か？　を考えてみましょう。

その「機械・設備　整備・点検手順書」は、
① 然るべき決められた人の承認を得ているのか？
② 長期間改訂されていない場合、内容が適切なのか？
③ 内容が実態に整合しているのか？

④　改訂箇所が明確になっているのか？
⑤　本当に「機械・設備　整備・点検手順書」なのか？
⑥　配賦管理の対象となっている文書か？
⑦　現状の機械・設備の点検を行う上で適切な版なのか？
⑧　単なるコピーではないのか？

文書は以上のことがクリアできていて初めて，現場での使用が可能なのです。

◆　文書管理がマネジメントシステムの原点

　私自身，マネジメントシステム監査を750回以上担当していますが，文書管理が疎かな組織はマネジメントシステム全体の完成度が低いか，運用に難があることが非常に多いのです。

◆　文書管理の徹底は一刻も早く

　「ジタマネ」に取り組む，取り組まないにかかわらず文書管理のルールを徹底していただくことをお勧めいたします。
　文書管理のルールは一度決めてしまえば，そのルールに従って粛々と運用していくだけであり難しいことではありません。社内文書の少ない組織は今のうちに，既に社内文書が多々発行されている場合は，いずれ整理しなくてはなりませんので，一刻も早く適切な文書管理を実行していただきたく思います。

◆　最低限，文書発行日くらいは記載してください

　様々なところから発行されている，様々な文書を確認する機会が多いのですが，発行日が記載されていない文書が案外存在します。しかも，行政機関発行の文書であっても。
　そもそも，発行日が記載されていないと"必要な文書"であるか否かが判断付きませんよね。確かに，本文を見ていくと「この文書はこの時期に書かれたものだな」と理解できる場合もあるのですが，大前提として小学生が見てもわかるように発行日を記載すべきです。発行日の記載がないことにより，その文

書の内容自体が有効なのか無効なのか判断が異なる場合がありますので。

◆ 文書管理の一環としてまずは「就業規則」の改訂

可能な限り「就業規則」に次の内容を盛り込みましょう。
・「ジタマネ」のプロジェクトへの惜しみない協力・賛同は従業員の義務であること
・協力・賛同しない場合は服務規律違反であること

10 ステージ0：「ジタマネ」への取組み宣言セレモニー

　プロジェクトを成功に導くために社長の覚悟が必要と説明しましたが，その覚悟を示すためにも，できるだけ大きな花火を打ち上げる意味でも，セレモニーを実施されることをお勧めします。

　セレモニーの主な内容は以下の通りです。
・「ジタマネ」の概略説明
・全従業員の全面協力が必要であり，義務であることの説明
・プロジェクトチーム（リーダー，サブリーダー，事務担当者）の発表
・プロジェクトメンバー1人が代表して時短実行への決意表明
・今後，個人別の残業時間データを公表することの表明　　　　　　など

　なお，セレモニーには可能な限り顧客企業や株主を招待すべきでしょう。株主にとって時短は好ましいことであり，顧客企業に対しては協力要請する可能性もありますのであくまで「正しい取組みである」ということを最初にPRしておく必要があります。何よりも組織外の招待客の前で宣言することは不退転に繋がりますので。

　セレモニーは"大きな花火を打ち上げる"といっても，間違ってもホテルなどで行うことではありません。会社の会議室や作業場で十分です。豪華にセレモニーを実施すること自体，時間のムダ，お金のムダですから。だいたいセレ

モニーの準備に時間を掛けること自体がムダな労働時間ですからね。

11 ステージ1：リスク（ネガティブリスク）と取組リスクの決定

　いままでの「ステージ　0」はあくまで準備段階でしたので、"0：ゼロ"だったのです。もちろん、「ステージ　0」の段階で時短の効果が出る場合が多いのですが、それはあくまで一時的なものです。時短への取組み即ち「ジタマネ」への取組みはこの「ステージ1」から本番です。

　「ステージ1」の中でも非常に重要な取組みが、"残業時間・ムダな労働時間発生原因を洗い出す"ことです。では、順を追って説明していきます。

1：現状の計画と実施を把握する
　従業員は、日ごとの作業計画を立案し、1日の終了時に計画通り業務を処理することができたのか否かを検証します。計画通り処理できなかった場合の原因も明確にします。できれば、当作業で使用する標準化した帳票を作成・使用すると良いでしょう（「業務計画・処理日報」の活用）。

　ここで問題になるのが、作業計画自体を甘く立案する従業員の存在です。このことを恒久的に解決するためには人事制度とのリンクを検討すべきですが、「ジタマネ」に取組み始めの現状では当然そこまで手が回りませんので、当面は上司の検証を経ることで対応します。さらに"ネガティブな質問"として考えられるのが、「検証を担当する上司自体が甘い場合はどうするのでしょうか？」

　ここまで質問されるとキリが無いのですが、「ジタマネ」の目標は、**「常に残業時間・ムダな労働時間発生に目を光らせ、常に生産性を上げることを念頭に活動する組織風土を構築」**ですから、このような無能上司が生きられない環境整備のための活動ともいえますのでナンセンスな質問であることをご理解くだ

第6章 「時短マネジメントシステム：ジタマネ」のプロジェクトの進め方

さい。
　ちなみに，計画通り行かなかった結果もすべてデータ化します。

２：現状の残業時間・ムダな労働時間発生の原因と思われる外部要因と内部要
　　因を洗い出す　→「リスク」（ネガティブリスク）の決定
　残業時間・ムダな労働時間の原因と思われる事実を洗い出します。
　洗い出す原因は，「外部」と「内部」で分けましょう。
　洗い出す方法は，「業務計画・処理日報」の記録内容から洗い出すことはもちろん，ブレインストーミングで洗い出す方法もあります。
　このリスク（ネガティブリスク）の洗い出し（決定）について認識していただきたいことは，

従業員本人以外が原因のリスクは洗い出されやすい
（従業員本人が原因のリスクは表面化し難い）

ということです。
　「業務計画・処理日報」では，一連の業務，個々の作業の計画に対して，実際に処理できた実績を記録していきますが，計画通りできなかった原因として，自分自身の原因は出し難いものです。その点，自分以外に原因がある場合は出しやすいですね。言葉は悪いですが，「人のせいにしやすい」ということでしょうか。例えば，計画通り作業ができなかった原因として後輩がミスをやらかし，そのフォローのために自分の作業が遅れたなど。
　誰もが最初は残業時間・ムダな労働時間発生の原因が自分であることは認めたくないものです。このことから，最初は他人を原因にしても構わないので，とにかくリスク（ネガティブリスク）を洗い出していただきたいのです。このような「少し甘めのプロジェクト」も「ジタマネ」を継続的に改善させ，長続きさせるための秘訣です。プロジェクトは稼働し出せば止まることはあまりないので，最初に動き出すまでが重要です。

3：残業時間・ムダな労働時間発生の原因と思われる要因の発生源を明確にする

　残業時間・ムダな労働時間の原因の発生源である，コト，ヒト，組織を明確にします。

　このことは原因追究のアプローチといえますが，残業時間発生の原因である"コト"を追究すると必ずと言っていいほど出される原因があります。この一般的に出される原因を鵜呑みにしていては「ジタマネ」はできませんので，この一般的な原因への対処法を当項の"◆　一般的な残業時間・ムダな労働時間発生の原因について"で解説します。

4：「リスク」（ネガティブリスク）のリスク評価を実施する→「取組リスク」の決定

　洗い出した外部もしくは内部からの「リスク」（ネガティブリスク）について，「発生の頻度」と「発生した場合のマイナスの影響度」を基準にリスク評価し，「取組リスク」を決定します。

　「取組リスク」の決定とは，残業時間・ムダな労働時間発生原因への対策を施す優先順位の決定作業と理解してください。

5：決定した「取組リスク」について次のことを明確にする

　・「取組リスク」とした背景は？

　・その「取組リスク」は過去に対策を施したことはあるのか？

　・その「取組リスク」の発生原因は？

　問題解決に当たり，その背景を探ることは非常に重要です。その背景次第では「取組リスク」から外さなければならない場合もあります。

　私の関与先事例では，「アウトソース先Ａ社の不慣れな業務対応」が原因で突発的な残業が発生していましたが，その業務をアウトソースできる先がＡ社以外には存在せず，即の対応は見合わせることになりました。ただ，このままでは自社の経営上のリスクになりかねませんので，Ａ社への業務指導と合わせ

て当該アウトソース業務の内製化に取り組みました。

　この事例のように，「ジタマネ」という時短への取組みは時短の知識以外が求められる場に遭遇することが非常に多いのです。

　この事例は見方を変えることにより学びがあります。その学びとは，
　「ジタマネ」でこのようなリスク評価を実施することにより，経営上のリスク評価が可能となり，経営上のリトマス試験紙的な成果も享受できる
ということです。

　実際，私の関与先で「ジタマネ」の指導で残業時間・ムダな労働時間発生のリスク評価を実施すると取り組むべき問題点の把握や改善のネタが"時短"という着眼点以外からもゴロゴロ見つかり，正に「経営改善マネジメントシステム」として機能する場合もあるのです。

　このことは，69頁で説明した，正に"マネジメントシステムは，「○○を解決するため」「○○を達成するため」の仕組みなのです。"を実践している事例なのです。

◆　一般的な残業時間・ムダな労働時間発生の原因について

　ここで一般的な残業時間・ムダな労働時間発生の原因について列挙してみましょう。これら列挙した原因は，原因追究した際，必ずと言っていいほど出されるものです。ただ，これらの一般的な原因をそのまま受け入れないためにも解説を加えます。

［一般的な残業時間・ムダな労働時間発生の原因］
　①　業務量が多すぎる
　②　能力不足
　③　生産性が悪い
　④　どこかで業務が滞る

これらの出された原因を真に受けないでください。

　これらの一般的な原因に対して，「なぜ？」「ということは？」とさらに追究していくのです。そのような着眼点の下に考えると次の図表のようになるで

しょう。

一般的な原因	さらに	深堀した原因
① 業務量が多すぎる	なぜ？ ということは？	・全般的に業務量が多い ・季節的に業務量が多い ・突発的に業務量が多い ・特定の部署・担当者の業務が多い ・処理しきれない業務量 ・休職者の存在 ・産休従業員の存在 ・能力不足（"②"へ）
② 能力不足	なぜ？ ということは？	・ほとんどの従業員の能力が不足している ・特定の部署・担当者の能力が不足している ・作業に慣れていない
③ 生産性が悪い	なぜ？ ということは？	・無気力，体調不良 ・ムダ話，サボり，喫煙 ・能力不足（"②"へ） ・機械・設備が悪い（使いこなしていない） ・プロセスが悪い（インプットを含む） ・仕組みがない ・標準化されていない
④ どこかで業務が滞る	なぜ？ ということは？	・特定の部署・担当者で滞る ・全般的に滞る ・機械・設備不良で滞る ・インプット不足で滞る（原料不足等） ・能力不足（"②"へ）

　さらに，"深堀した原因"についても「なぜ？」「ということは？」を検討する必要があります。

① 業務量が多すぎる

　社長や上司が「残業削減！」と従業員に向かって掛け声だけ出していると必ずこの「業務量が多すぎるので残業削減できません」との意見が出されます。

第6章 「時短マネジメントシステム:ジタマネ」のプロジェクトの進め方

　本当に"業務量が多すぎる"場合があることも事実ですが、そこで「ハイ、そうですか」ではあまりにも能がありません。この原因を認めてしまうと対策は次の2つしかなくなってしまいますね。
　・業務量を減らす
　・ヒトを増やす
　これは「誰でもできる対策」です。

　この安易な対策の前に真の原因を特定できれば解決の糸口を見出すことが可能なのです。
　一口に"業務量が多すぎる"といっても、それは、「いつ?」「どのようなときに?」「どの部署で?」等を明確にすることにより対策を施せる場合も多いのです。
　"ヒトを増やす"対策は、「誰でもできる対策」としましたが、本当に本来10人必要な業務を8人でこなしているのであれば増員も必要かもしれません。また、この8人の残業手当を計算したら2名増員したほうが安上がりの場合があることも事実です。しかし、十分に原因を追究し、可能な対策を検討する前に安易に増員はしないでください。実際、残業を削減しながら10人の業務を8人でこなすこともプロセスリストラの実施により可能な場合があるのです。もちろん、プロセスリストラの実施には機械・設備の導入も含まれますので、その導入費用と既存の残業手当と比べなくてはなりませんが、この費用対効果については常に念頭に置きプロジェクトの活動を実施してください。
　他人を雇用したことのない従業員(通常、従業員は人件費を支払ったことはありませんね)は、結構、安易に増員を提案する傾向があります。その理由は、従業員は自部署がどれだけ増員しようが、自分が給与を支払うわけではないからです(自分の懐が痛まない)。また、他人を雇用したことが無いコンサルタントや専門家は人件費という固定費が増えることには反対すると思いますが、経費上の問題がそれほど大きくなければ、増員という対策を安易に勧めてくる場合があります。その理由は次のことを理解していないからでしょう。

新人は最初の〇か月はいるよりいないほうがマシ

　他人を雇ったことが無い方はこの着眼点を理解していない方が多いのです。

　要するに1人当たりの業務量を減らすために新人を入社させたところで、業務を教えなくてはなりません。この教える作業が非常に大変であり、手間がかかるので、最初の〇か月間について新人はいないほうが楽なのです。

　このことは機械・設備の導入時にも当てはまる場合がありますので同様に注意が必要です。

　ただ、このような初期の苦労を乗り越えれば、その先の成果を手にすることができることも付け加えておきます。

　以上の理由から、社長はプロジェクトリーダーや、コンサルタントや外部の専門家（活用する場合）からの"増員"提案には慎重に対応する必要があります。

② 能力不足

　この原因は、特に経営層やマネジメント層が部下に対して安易に口にする場合があるのですが、適正な根拠を示して上で"能力不足"を証明できることは限られています。ただ、簡単に分かってしまう事例として、

　・担当者が代わった場合

　例えば、前担当者が普通に処理していた作業を新担当者は処理時間が増えたり、作業ミスが頻発する場合です。もちろん、作業自体に慣れていない状況下では処理時間が増えたり、ミスが出ることは想定済みでしょうが、ある一定期間を超えてもこのような状況では新担当者の能力不足と判断できるでしょう。

　逆に新担当者になった後、前担当者より処理時間が短縮されたり、ミスが減る場合は、前担当者は新担当者に比べて能力不足と判断できます。もちろん、適材適所や得手不得手があるとも思いますが、1つの傾向として、「ある業務の処理能力が高い人は、どのような業務に就いても作業能力が高い」という、少々悔しい？　現実があることも事実ですね。

　前担当者が新担当者に比べて能力が低かったことが判明した場合、前担当者

第6章 「時短マネジメントシステム：ジタマネ」のプロジェクトの進め方

が退職したのであれば問題ありませんが，社内異動であれば移動先部署での業務処理状況を必ず確認してください。

　社長や上司にとって，従業員や部下を"能力不足"と安易に口にする機会が多いことは前述の通りですが，私の経験上，社長や上司は自分が可愛がっている従業員や部下を適切な根拠をもとに"能力不足"と判断することは少ないようです。
　社長や上司は，ただ単に，可愛がっているから"能力不足"と判断したくないのではなく，本当に「能力不足ではない」と思い込んでいるのです。なぜ，このような思い込みが起こるのでしょうか。それは，その該当従業員や部下が次のような態度だからです。
・前向きな業務姿勢
・頼まれたことに不満を言わない
・残業を厭わない
・人当たりが良い
・素直である
・自ら前向きな提案をしてくる
・陰日向なく働く

　この中で"頼まれたことに不満を言わない"というのは，頼みやすいということであり，この場合，能力が高い場合も多く，"素直である"についても，能力向上には欠かせない要素ですが，前述の態度のほとんどは能力とは関係がないことであり，社長や上司は態度だけの社員や従業員に誤魔化されないでいただきたいのです（誤魔化そうとして前述の態度を取っているのではないと思いますが）。
　逆に"残業を厭わない"という態度は残業発生の大きな原因といえ，そのような従業員の存在自体が"リスク"といえます。もちろん，その背景に，残業を厭わない従業員を優遇する雰囲気があるのであれば，これこそ，社長や部署長の責任でしょう。

③　生産性が悪い

　この"生産性が悪い"は，残業時間・ムダな労働時間発生の本丸と言えるでしょう。

　一口に"生産性が悪い"といってもその原因は様々です。また，生産性が悪いのは一過性のことなのか，恒久的なことなのかで対応が異なります。

　生産性向上への着眼点は正に"プロセスリストラ"であり，この手法が一番活きるのです。

④　どこかで業務が滞る

　この場合，"業務が滞る"プロセスはどこなのでしょうか。

　なぜ，滞るのでしょうか。

　原因は，上司なのか？　部下なのか？　作業者なのか？　お客様なのか？　外注業者なのか？　仕組みなのか？　原材料なのか？　機械・設備なのか？　などなど。

◆　残業時間・ムダな労働時間発生の原因でもあるヒューマンエラーについて

　ここで「ヒューマンエラー」の解説となると，「えっ！また訳の分からん言葉を持ち出して・・・」と叱られそうですが，「ヒューマンエラー」の最低限の知識は保有しておいていただきたいのです。決して，難しいモノではありませんので。

　「ヒューマンエラー」については，5年前に日刊工業新聞社発行のマネジメントシステム月刊誌に「ミスをしない社員の育成は可能なのか」を連載させていただいており，その内容元に説明を加えたく思います。

　「ヒューマンエラー」とは，まさに「人間による失敗」ですが，この本では

　　　　　　ヒューマンエラー＝期待した成果と，実際の成果のズレ

としたいと思います。

　"ズレ"について，"失敗"と定義することは少々厳しいのかもしれませんが，

第6章 「時短マネジメントシステム：ジタマネ」のプロジェクトの進め方

社長の立場からみて，賃金という報酬を支払い，成果を求めるのですから，その"成果"が当初予測していた成果に満たないのであれば，それは"失敗"であり，ヒューマンエラーと位置付けられるのではないでしょうか？

「ヒューマンエラー」について，少々厳しい定義付けとなりましたが，社長とは期待することが大好きな人なのです。従業員や部下にいつも期待しては，裏切られ，でも，また期待する。また，社長が従業員や部下に期待しなくなってしまったらその組織は問題ですね。

前述の「ヒューマンエラー」の定義である"期待した成果と，実際の成果のズレ"には，当然，失敗による"大きなズレ"が含まれることを理解してください。あくまで，原則は「人間による失敗」ですから。

ヒューマンエラーが突然起こることは稀であり，何らかの予兆がある場合がほとんどです。航空機の大惨事，食品偽装問題等は突然発生したのではなく，必ず予兆があったはずです。そこで紹介したいのは「ハインリッヒの法則」です。

「ハインリッヒの法則」とは，1つの大事故の裏には，29の軽微な事故，300のヒヤリ・ハットが発生しているという考え方です。

「ヒューマンエラー」をさらにいくつかに分類してみましょう。この分類は様々な説がありますが，この本では私がセミナーやコンサルの場で使用する4分類で説明します。

① 思い込み
② 失念

③　能力（知識，技能）不足
④　違反

"①　思い込み"とは，「これは当然○○だろう」「△△だから□□だろう」という思い込みです。思い込みは合っている場合が多いのですが，たまに違うことがありその場合にヒューマンエラーとなります。

例えば，レストランの常連客のA氏はいつも来店時にハンバーグを注文するので，ウェイターのB氏はA氏からの注文も上の空で，厨房にハンバーグの注文を受けたことを伝えてしまったが，この日に限ってA氏はハンバーグではなくエビフライを注文した場合です。

"②　失念"とは，「忘れてしまった」場合ですが，「必要なときに思い出せない（気が付かない）」も失念に含まれるでしょう。

例えば，毎月20日に実施する定型業務を失念して実施しなかった場合です。必要なときに気が付かない例としては，運送業で交通事故発生時にはまず，発荷主と着荷主に迷惑がかからないように，事故車両の積載物を届けるために代わりの車両を手配する場合があります。しかし，その代わりの車両を手配することを忘れてしまった事例がありました。

"③　能力不足"とは，"一般的な残業時間・ムダな労働時間の発生の原因"と重複しますが，ここでは能力不足がヒューマンエラーに繋がることを理解していただければと思います。この能力不足によるヒューマンエラーは初心者等，作業環境に慣れていない場合に発生するエラーです。

"④　違反"とは，「やるべきことや決められたことをしない」「やるべきことや決められたことと違うことをする」です。

例えば，会計事務所における給与計算事務で，所内資格認定した職員でなくては給与計算事務をしてはならないにもかかわらず，未認定の職員が処理してしまい給与計算を間違えた場合です。これは，能力不足の職員が処理したことでもあり"③　能力（知識，技能）不足"のヒューマンエラーとも考えられますが，未認定の職員に給与計算事務遂行を指示したのが上司であれば，その上司が原因であり，やはり"④　違反"のヒューマンエラーと考えるべきでしょ

う。

　また，安全に関する違反として，ヘルメット未着用，安全靴未使用，安全装置を外しての作業なども違反の分類となります。

　ヒューマンエラーは発生すると必ず残業時間・ムダな労働時間の発生及び生産性悪化に繋がります。

12 ステージ１：残業時間・ムダな労働時間削減に繋がる機会を洗い出す機会（ポジティブリスク）と取組機会の決定

　これは，"残業時間・ムダな労働時間発生原因を洗い出す"とは逆の考え方で，時短に繋がる良い機会を洗い出す作業です。

1　現状の計画と実施を把握する
　従業員は，日ごとの作業計画を立案し，１日の終了時に計画通り業務を処理することができたのか否かを検証することを説明しましたが，その中で，計画よりスムーズに業務処理できた要因を明確にします。

2　現状の残業時間・ムダな労働時間削減に繋がると思われる外部要因と内部
　要因を洗い出す　→「機会」（ポジティブリスク）の決定
　残業時間・ムダな労働時間削減に有効な要因を洗い出します。
　洗い出す要因は，「外部」と「内部」で分けましょう。
　洗い出す方法は，「業務計画・処理日報」からの情報はもちろん，ブレインストーミング，各担当者からのヒアリングでも構いません。

3　現状の残業時間・ムダな労働時間削減に繋がると思われる要因の発生源を
　明確にする
　残業時間・ムダな労働時間削減要因の発生源である，ヒト，組織を明確にします。

4 「機会」(ポジティブリスク)のリスク評価を実施する→「取組機会」の決定

洗い出した外部もしくは内部からの「機会」(ポジティブリスク)について、「発生の頻度」と「発生した場合のプラスの影響度」を基準にリスク評価し、「取組機会」を決定します。

「取組機会」の決定とは、残業時間・ムダな労働時間を削減することができる要因への対策を施す優先順位の決定作業と理解してください。

5 決定した「取組機会」について次のことを明確にする
・「取組機会」とした背景は？
・その「取組機会」は過去に対策を施したことはあるのか？
・なぜ、その「取組機会」が改善に繋がるのかの要因は？

13 ステージ1：プロセスリストラの決定（根本的な作業時間改善手法）

決定した「取組リスク」に対してプロセスリストラを決定します。

プロセスリストラの種類は予め14種類用意していますが、それ以外にも自社で思いついた場合は実行すべきです。

「ジタマネ」における「プロセスリストラ」の定義は64頁で明確にしましたのでそちらをご覧いただくとして、「ジタマネ」の「ステージ1」での「プロセスリストラ」の定義をもう少し絞ってみたいと思います。その方が理解が進むと思いますので。

ここでのプロセスリストラの定義は、
残業時間・ムダな労働時間発生源のプロセスを特定し再構築することです。

では、実際に14種類のプロセスリストラを見てみましょう。

第6章 「時短マネジメントシステム：ジタマネ」のプロジェクトの進め方

[14種類のプロセスリストラ]

①	そのプロセスを止められないのか？
	・そもそもそのプロセスは必要なのか
	・そのプロセスに実施目的はあるのか
②	そのプロセスの前後に追加するプロセスは無いのか？
	・何かを追加することにより，結果的にスムーズに処理できないか
③	そのプロセスを人手作業から機械作業に変えられないのか（逆も）
	・機械化により合理化できないか
	・わざわざ機械で処理する必要があるのか
④	そのプロセスのモノの種類を変えられないのか
	・そのプロセスに投入するモノ・コトを変えることによりスムーズに処理できないか
⑤	そのプロセスを外注に出せないのか（逆も）
	・わざわざ手間暇かけて自分たちで処理する必要があるのか
⑥	そのプロセスを担当している要員の力量を上げられないのか
	・その作業を担当するに相応しい力量を持った従業員を配置しているのか
	・その作業者は何が足りないのか
⑦	そのプロセスを担当している機械・設備の能力を上げられないのか（下げられないのか）
	・機械・設備の稼働能力を上げられないのか
	・機械・設備を買い替えられないのか？
⑧	そのプロセスの処理方法を変えられないのか（処理順番を含む）
	・作業の順番を変えることによりムダな作業を防ぎ，出来栄えを良くできないのか
⑨	そのプロセスと他のプロセスをまとめられないのか（分割を含む）
	・別々の作業を1つにまとめられないのか（分けられないのか）
⑩	そのプロセスと並行してできることは無いのか（直列も）
	・同時に処理しておく作業は無いのか（同時処理作業を順番にできないのか）
⑪	そのプロセスの処理時間は適正か（少なすぎるor多すぎる）
	・そもそもその作業の処理時間は正しいのか
⑫	そのプロセスのアウトプットの基準が高すぎないか（低すぎないか）
	・過度な品質要求（基準要求）をしていないのか
⑬	直前のプロセスに問題が無いか（インプットに問題が無いか）
	・その作業の1つ前の作業に問題は無いのか
⑭	そのプロセスの担当者を変えられないのか
	・その作業の適任者は誰なのか
⑮	その他

上記14種類のプロセスリストラ一つひとつについて現時点で，社長である読者に説明することはあまり意味がありませんので，この本では説明を控えますが，「ジタマネ」に取り組むのであれば，プロジェクトリーダー任命予定者には是非，拙著である「『プロセスリストラ』を活用した真の残業削減・生産性向上・人材育成　実践の手法」（日本法令発行）をサブテキストとして活用されることをお勧めします。

　自著のPRのようで恐縮なのですが，このプロセスリストラの知識は残業時間・ムダな労働時間削減，生産性向上のためには必須の知識ですが，それ以上に優秀な管理者となり社長の片腕になっていただくために必要な内容を盛り込みました。読まれたプロジェクトリーダー（任命予定者）が内容的に「少々難しい」と感じられた場合，その本の内容を理解できることが管理者としての力量のハードルと思い，読み返してみてください。

14　ステージ１：長期目標，短期目標及び実施計画の策定

　「取組リスク」「取組機会」ごとに，次表の目標，実施計画を策定します。

取組リスクをもとにした目標	
長期目標（3－5年後の到達点）	① 労働時間削減数 ② 原単位での労働時間削減数
短期目標（単年度）	① 労働時間削減数 ② 原単位での労働時間削減数
実施計画	① 短期目標を達成するためにいつ，誰が，どのようなことを行うのか明確にする ② 要素 ③ 基準

第6章 「時短マネジメントシステム：ジタマネ」のプロジェクトの進め方

取組機会をもとにした目標	
長期目標（3−5年後の到達点）	① 労働時間削減数 ② 原単位での労働時間削減数
短期目標（単年度）	① 労働時間削減数 ② 原単位での労働時間削減数
実施計画	① 短期目標を達成するためにいつ，誰が，どのようなことを行うのか明確にする

「ジタマネ」に限らず，目標を策定する場合は必ず"達成度判定可能な目標"にすべきです。コンサル業務，監査業務等で数多くの企業の目標（会社全体，部署，個人）を確認させていただきますが，達成したのか未達成なのか判断できない目標に遭遇することが何と多いことでしょう。その一例として，

事例1　品質を良くする

品質を良くするとは，どのようなことなのでしょうか？　どのような基準で目標の達成度を測るのでしょうか？　また，一口に"品質"といっても，製品品質なのか作業品質なのか。また，"良くする"についてもどのような状態であれば，良くなったと評価できるのか。

事例2　昨年度より今年度のクレーム件数を減らす

「えっ？　この目標は達成度判定可能では？」と思われたかもしれません。しかし，どのようなクレームを減らすのか等のもう少し詳細な目標にすべきでしょう。実際，私が遭遇した例では，「クレームを減らすということは，今年は何件までのクレームでしたら目標達成なのですか？　要するに，昨年度のクレーム件数は何件でしたか？」と質問したところ，そのデータが無いとか。

以上のように不明瞭な，目標立案・管理に遭遇することがあるのです。

「ジタマネ」では，詳細なデータ測定が必要ですから，目標も数値で，そして原単位で管理する必要があります。原単位については，86頁をご確認ください。
　ところで，"事例1"で，目標が達成したか否か測定しようがない事例でしたが，「要素」と「基準」を目標や実施計画の一部として設定した場合，達成度の判断が明確になります。
　「ジタマネ」の「取組リスク」をもとにした目標を達成するための実施計画では，「要素」と「基準」を明確にするように求めています。「要素」と「基準」とは，
　要素：事例の成立に必要不可欠な条件
　基準：満たさなくてはならないこと（数値が多い）
です。前述の"事例1"を例にすると
　要素：製品の流出不良を測定する
　基準：流出不良率〇ppm以下
と考えられます。このように要素と基準を明確にすることにより適切な目標管理が行えるのです。

　目標策定において「残業時間削減数」ではなく，敢えて「労働時間削減数」と表記しましたが理由として，「ジタマネ」取組企業の所定労働時間数自体の変更や，変形労働時間制採用によるその月の所定労働時間数の変更の可能性があるからです。
　実際，私の関与先でもこのような事例が発生しており，そのことからも総労働時間数を前提とした「労働時間削減数」を活用することが良いでしょう。また，原単位での労働時間削減数目標も必須です。

　目標は管理するために策定します。そうです，目標管理です。
　要するに目標は立案して終わりではなく，PDCAを廻していく中で上方修正もあれば下方修正もあり得るのです。

第6章 「時短マネジメントシステム:ジタマネ」のプロジェクトの進め方

　目標を策定し活動していると，目標達成状況が思わしくない時期にも必ず遭遇します。そのようなときに逃げないで正面から向き合う必要があります。
　多くの組織では目標が達成している時期は，目標達成状況をグラフにして社内に掲示等していますが，目標達成状況が思わしくないと途端に達成状況の公表はもちろん，達成度評価まで投げ出してしまう企業を何社も見てきました。
　よく考えてみてください。
　何のためのマネジメントシステムなのですか？
　何のためのPDCAなのですか？

　目標の達成度評価は，PDCAでは，「C：Check：検証」です。その検証の結果が思わしくなかったら，原因を追究して是正すればよいのです。正にPDCAであり，25頁の"問題発生後のフロー"なのです。
　そうです。問題には必ず原因があるのです。「ジタマネ」の時短目標が達成できない原因は必ずあるのです。その原因を追究して，取り除くことができれば再度，目標達成に向けて動き出せるのです。仮に原因が特定できても取り除くことができない場合（そのようなこともあります）でも，他のアプローチ（実施計画，プロセスリストラ策）で軌道修正可能な場合が多いのです。

　このことは，正に企業経営と同じではないでしょうか？
　企業経営は順調なときだけではなく，様々な問題と直面することが多いですね。個人事業でしたら自分と家族だけの生活の保障ができれば良いのですが，組織として従業員を雇用しているということはその従業員の家族の生活も懸かっています。社長はその責任というか社会的貢献の意味をひしひしと感じているはずです。ですから，ムダな費用を発生させて経営状況を圧迫する残業時間・ムダな労働時間削減，生産性向上の取組みである「ジタマネ」に興味を持っていただいたのだと思います。要するに"痛み"が分かる立場の人種が社長なのです。

残念ながら社長にしか理解できないことはたくさんあります。余談ですが，ノルウェーの画家ムンクが描いた「叫び」をご存知ですか。ムンクが「叫び」を描いた精神状態が画集に掲載されています。

> 二人の友人と外を歩いていると，太陽が沈み始めた。見る見るうちに空が血の海のように赤く染まる。私は疲れを感じて立ち止まり，フェンスにもたれかかる。青黒いフィヨルドと町の上空が血と炎で彩られる。友人たちは歩み続ける。私はそこに突っ立ったまま不安に身を震わせる。自然をつんざく終わりのない叫びを感じて。
> 　　　　　　　　　　　　　　　「画集ムンク　オスロ　ムンク美術館」より

私も小さいながら組織を運営していますと，「半年後売上げはどうなっているのだろう」「従業員が一斉に退職することはないだろうか」などと非常にネガティブな考えが芽生え，どうしようもない焦燥感に見舞われることがあります（正にムンクの叫びのような状況です）。

社長のほとんどが，このように経営に関してどうしようもない焦燥感を感じた経験があると思います。また，この焦燥感を経験しているからこそ，企業経営ができるのだと思います。だからこそ，その社長を応援する意味でも「ジタマネ」を策定しました。

◆ 「できた」と「できる」の違いを認識する

社長であれば「できた」と「できる」の違いを理解していらっしゃると思います。何事も（目標も），「できた」では意味がないのです。適切な計画をもとに「できる」が必要であり，再現性が必要なのです（「売れた」ではなく，適切な計画のもとに「売れる」が重要。「売れた」は，たまたま売れただけであり再現性が無い）。

企業経営は博打ではありません。

適切な目標管理のうえで一つひとつ達成していかなくてはなりません。

時短を進める上での目標管理はその最たるものですから，PDCAを適切に管理して目標達成に向けての活動を全面的にバックアップしてあげてください。

実施計画は，短期目標を達成するために「いつ」「誰が」「何を」を決めなくてはなりません。この３つは最低限必要なことですから他にも「何を用いて」なども含めると良いでしょう。そして，実施計画には，プロセスリストラ策や"ステージ０：日常の運用管理策の決定"で実施を決定した運用管理策及び教育・訓練についても盛り込みます。

○　実施計画の中にヒューマンエラー対策を含める場合
　時短活動である「ジタマネ」を進めていく中でヒューマンエラーを防ぐことも重要課題であることは解説済みですが，ヒューマンエラーを防ぐには，
　　・教育・訓練により防ぐ
　　・設備・機械・モノにより防ぐ
　　・仕組みにより防ぐ
　　・組織風土により防ぐ
　　・作業者以外のヒトにより防ぐ　　　など
が考えられますが，ここでは，"教育・訓練により防ぐ"を考えてみたいと思います。

　あなたの会社では，「作業を適切に処理するための指導」は実施されていると思いますが，「作業を間違えないための指導」はいかがでしょうか？
　この２つはどのような違いがあるのでしょうか。
① 　作業を適切に処理するための指導
　決められた通りに処理しなさいとか「マニュアル」通りに処理しなさいということであり，一般的なOJTをもとに行えると思います。
② 　作業を間違えないための指導
　どのようなことをすれば期待していた結果通りにならないのか？　そして，間違えた結果どうなるのか？　を教えるのです。要するに，どのような振る舞いが失敗に繋がり，その失敗の結果の影響までを教えるのです。

この"失敗の結果の影響までを教える"ということは，"① 作業を適切に処理するための指導"の際，その作業の目的を伝えた上で教育を実施するのと似ています。106頁で"① 社内で業務を依頼する場合は，必ずその業務の目的を伝える"と説明しましたが，教育・訓練を実施するとき，"どのように"だけではなく"何のために"を教える教育にしたいものです。

　このことからも一般的なOJTには限界があります。なぜなら，一般的なOJTはほとんどが"どのように"を教えるためのものですね。

　"作業を適切に処理するための指導"は，OJTで行われることが多いですが，前述の通り，"目的を教える"機会が乏しくなり，また，教える方も極めて安直な教育方法といえます。過去の教育・指導方法や職人の世界では「仕事はみて覚えろ，盗め」という概念が強く，納得できないこともなく，見て覚えて自分のものにした技術は色あせ難いことも事実ですが，教える方からしてみると何の努力もしない，それこそ，誰でもできる手法ではないでしょうか。

　時間，人員及び金銭的に余裕のある会社でしたらこのような教育・指導方法もアリなのかもしれませんが，通常，このようなやり方では業界から取り残される可能性が高いでしょう。

　また，通常1年で一人前になる人材を半年で一人前に育てるためには，教育・指導する側もそれなりに工夫やスキルが必要になります。そのためにも"標準化"やこの後説明していくステージ2の取組みである「工程管理表」の作成が非常に有益です。皆さんあまり話題にしないのですが，人材育成に費やす時間こそ，残業時間発生の大きな原因となりますから。

　以前，某マネジメントシステムの審査の際，全ての教育訓練が"日々の業務処理の中から習得する"と「教育訓練計画書」に記載されており，実態を確認したところ，予想通り，「習うより慣れろ」ということで，マネジメントシステムの中での教育訓練がこの状況では非常に問題があると認識しました。

本来，マネジメントシステムにおける教育・訓練とは，教育のニーズが存在しており，その教育のニーズを満たす教育・訓練計画を策定した上で教育・訓練のPDCAを廻していく必要があるのです。

作業能力とは，その業務を完遂させるために必要な能力であり，その作業能力が備わっていないときに教育のニーズが発生するのです。

「この業務を完遂させるためにはこの作業能力が必要」ということは，逆の言い方をすると，「この作業能力はこの業務完遂のために必要」ということであり，その作業能力を備えるための目的を教えるのと同じことになります。

で，さらに一歩進めて「作業を間違えないための指導」を行うことが人材育成の近道であり，ヒューマンエラー防止になるのです。

15 ステージ1：実施計画（運用管理策，プロセスリストラ策）の実行

次のことを実施します。
- ステージ0：日常の運用管理策の決定
- ステージ1：プロセスリストラの実施（根本的に作業時間改善手法）で実施を決めたプロセスリストラ策（具体的に［要素］どこまでやるのか［基準］）
- ステージ1：長期目標，短期目標及び実施計画の策定のいつ，誰が，どのようなことをするのかの実施計画

なお，上記3つの実施内容には重複もあり得ます。

これは，PDCAの"D：Do：実施，運用"に当たり，文面にすると上記のようにあっさりとしているのですが，この"D：Do：実施，運用"は時間も一番必要であり重要なのです。

16　ステージ1：監視，測定及び検証

"ステージ0：現状把握"で把握したデータは次の通りでしたね。
- 会社全体の年間及び月間の残業時間数と所定外賃金
- 部署ごとの年間及び月間の残業時間数と所定外賃金
- 個人ごとの年間及び月間の残業時間数
- 原単位の基礎とするデータ（部署別や全社的な売上等）
- 平均残業時間
- 残業時間の最低値，中央値及び最高値

基本的にこれらのデータが現在までにどのように推移していったのかを測定します。さらに，
- ○○当たりの労働時間（原単位表示）
- 目標や実施計画等の実施・達成状況

必要であれば，個人別，部署別残業時間を標準偏差も計算します。
以上の測定結果は基本的に公表します（個人の賃金は除く）。

監視及び検証については，次の項目です。ただし，項目は経営陣と詳細な打合せにより決定します。また，場合によっては，数値の計測も併せて実施します。
- サービス残業状況
- 仕事の持ち帰り状況
- 従業員ごとの作業品質（ステージ1では可能であれば実施）
- 「業務計画・処理日報」に記載された計画内容の適切性
- 「業務計画・処理日報」に記載された処理内容の適切性
- 「36協定」における協定時間の遵守状況
- 利益率の悪い顧客，製品及びサービス

以上の項目について監視及び検証の結果如何により次の展開を示唆します。

17　ステージ1：取組結果を周知する

　社内に掲示板（電子掲示板ではなく，紙ベースの文書を掲示するもの）を設置していただくことは前述した通りですが，たかが掲示板と侮らないでください。「ジタマネ」の活動内容について，興味のそぶりを見せない従業員もいるかと思いますが（ネガティブ，ポジティブともに），なんだかんだ言いつつも実は非常に興味があるのです。ですから，成功，失敗に関わらず積極的に内容を公表しましょう。次表の内容を掲示板に掲示します。

周知内容
適正労働時間実現方針
プロジェクトの活動内容を各部署に周知
・現状の残業時間発生の原因と思われる外部の要因，内部の要因 ・現状の残業時間発生の原因と思われる外部組織・ヒト，内部部署・ヒト ・計画通り業務が処理できなかった理由及び組織・ヒト ・取組リスク
・現状の労働時間削減の要因と思われる外部の要因，内部の要因 ・現状の労働時間削減の要因と思われる外部組織・ヒト，内部部署・ヒト ・計画よりスムーズに業務処理できた理由及び組織・ヒト ・取組機会
選定したプロセスリストラ策
長期目標，短期目標及び実施状況

　また，"16　ステージ1：監視，測定及び検証"で監視，測定の対象とした項目についても内容を精査した上で公表に踏み切る必要があるでしょう。

　これらの情報には，公表してほしくない立場の部署やヒトもあり，社内の雰囲気やコミュニケーションに問題が生じる可能性も否定できませんが，現状を理解していただくためには必要な情報なのです。ただ，そのような状況が予想されるのであれば，実名ではなく，このような事実が存在することを伝え，さらにデータで説得性を持つことにより効果が確認できるでしょう。ただし，プ

ロジェクトチームからみて，その原因部署・ヒトに変化（改善）がみられないのであれば，実名等の公表が必要なのかもしれません。

　実際によくある事例としては，全く悪気が無いにもかかわらず結果的に原因部署・ヒトになっていたことがよくあり，「そうだったのですが。それは申し訳ない。早く言ってもらえればよかったですね」という場合もあるのです。

　そして，なるべくステージ1終了時には，「ステージ0」「ステージ1」の成果を発表する場を設けたいものです。この場でも決して上手くいっている施策だけではなく，今一つ機能していない点や今後の課題についても発表することを検討してください。

18　ステージ1：効果ある施策を標準化する

　「ジタマネ」のステージ1における1つの到達点がこの「標準化」です。

　標準化については，88頁の"12 「標準化」について"で解説しましたが，再度，解説しますと，

　　・誰が作業・処理しても同じに結果になるように手順や規格を統一すること（アウトプットを生み出すプロセスを統一する）です。

　私が標準化してほしいことの事例を示します。

　　・世界の使用言語

　　・セルフガソリンスタンドでの給油方法

　言語については，全世界英語（英語でなくても一種類の言語）で統一されていると非常にコミュニケーションが取りやすいですね。ただ，そうなると「語学校」という事業自体が無くなりますが。

　また，給油方法も全世界で統一していただきたい。この狭い日本の中でも，給油方法が統一されていなく迷うことがよくあります。以前，アイスランドでレンタカー返却の際，早朝であったため無人のセルフガソリンスタンドを利用したのですが，クレジットカードの挿入方法で非常に手間取り，焦ったことを

第6章 「時短マネジメントシステム：ジタマネ」のプロジェクトの進め方

思い出します。

　この標準化について誤解をされている方が多くいらっしゃいます。その誤解とは，

「標準化＝マニュアル化」だと思っている

　16頁で"時短について理解が浅い人ほど「作業のマニュアル化」「生産性向上！」などと声高に叫びますが，"と説明した通り，自分では作成したこともないし，効果を出したことが無いにもかかわらず，やたら"マニュアル化"を唱える方がいらっしゃいます。

　どうしても，「マニュアル化＝統一のサービス＝ファーストフードの統一した味・サービス」がイメージにあるようで，「マニュアル化＝すばらしいこと」のイメージがあるようです。

　もちろん，マニュアル化に長所がたくさんあることは否定しませんが，何でもかんでもマニュアル化する愚策は避けたいものです。そもそもマニュアル化は管理を容易にするための施策であり，そのことが即，時短に結びつくことではありません。私がマネジメントシステムの世界に入ったころ，品質マネジメントシステムが全盛期になりつつあり，そのこと自体は良いことだったのですが，誰が勘違いしたのか，ほとんどの企業で膨大な手順の文書化・・・要するにマニュアル化が進み，使用目的の無いマニュアル（規程，手順書，要領書等）が大量生産されました。

　「ジタマネ：時短マネジメントシステム」は，審査（第三者認証）もありませんし，審査に合格する必要もありません。ですから，真に必要な文書（マニュアル，規程，手順書，要領書等）を作成すればよいのです。

　標準化の説明が文書化の話に逸れてしまいましたが，あなたは，くれぐれも

標準化≠マニュアル化（文書化）

であることを認識してください。

　標準化についてもう少し解説を加えると，時短に有効な施策（手順，取組み，

仕組み，仕事のやり方）として，会社の中で定着させるということです。
　手順を定着させることにより，同じプロセスで成果を出すことになります。
　未だに「結果さえよければ良い」という考えの方に出くわすとビックリしますが，「良い成果には適切なプロセスがある」のです。ですから，

**　　良い成果を出すために適切なプロセスを構築することが「標準化」**

とも理解していただきたいのです。

　もし社長であるあなた自身が，「結果良ければすべてヨシ」というどんぶり経営をされているのであればこの機会にぜひ，脱却していただきたいのです。

　良い成果には良いプロセスがあります。その"良いプロセス"は偶然ですか？　それとも標準化されたプロセスですか？　もし偶然であったなら，良い成果を導き出したプロセスを一つひとつ明確にして，標準化してください。

　ですから，「ジタマネ」における"標準化"とは，時短に効果があった一つひとつのプロセスを明確にして，その要素と基準をできる限り統一して全社的に運用していくのです。その過程で，マニュアル化（文書化）が必要であれば，マニュアル等の文書を作成すればよいのです。

　マニュアル化（文書化）が必要か否かの着眼点は，次の通りです。
　① 実施方法に迷うことがあるか？
　② 教育資料として必要か？
　③ 実施の記録はどの程度必要か？

　"①"については，プロセスを処理していく中で作業者が特に迷わなければマニュアルの作成は不要です。迷うか，迷わないかについては実際に作業して

いる従業員に聞けばよいのですが，もう1つの方法として，その作業でミスがどれくらい発生しているのかです。もしかしたらミスの原因は手順がマニュアル化しておらず，実施方法や基準があいまいであったためかもしれません。その場合はマニュアル化が必要と思われます。

"②"については，従業員に作業方法を教育する際（OJTを含む），テキストとして使用する文書が存在していた方が教えやすく，習得しやすいのであれば（その一方でも），マニュアル化が必要ということでしょう。

"③"については，実際に実施したことを残す文書として記録が存在していますが，その記録の種類がその作業プロセスの中で多数存在するのであれば，記録の作成や使用方法について，同時にマニュアル化を検討すべきかもしれません。"多数"とは，具体的にどれくらいの数を示すのかは，作業プロセスの内容や複雑さにより一概に言えないことをご理解ください。

19 ステージ2：業務処理プロセスの明確化

ここからステージ2に入ります。

このステージ2では，ステージ0，ステージ1と同一の着眼点で処理する施策もありますが，ステージ2で最初に実施することは，"業務処理プロセスの明確化"です。前頁までの説明の"効果ある施策を標準化する"と同じこと？と早合点しないでください。

"効果ある施策を標準化する"とは，時短に効果があった取組みを標準化する（時短効果が高いプロセスを明確にして，会社のルールとする）ことであり，このステージ2の"業務処理プロセスの明確化"は，現状実施している業務処理方法（プロセスリストラ実施後の処理方法を含む）について，そのプロセスを明確にすることです。

通常，私が「ジタマネ」を指導する場合，「工程管理表」という帳票を使用して，次のことを業務処理の順番に明確にしていきます。ただ，全ての項目が必要ということではなく，適宜，増減させる必要があります。

① 各プロセス
② 各プロセスのインプット内容
③ 各プロセスからのアウトプット内容
④ 管理項目
⑤ 基準
⑥ 基準測定の頻度
⑦ 作業担当者
⑧ 記録
⑨ 標準処理時間

「工程管理表」の作成は，製造業で品質管理業務に携わっていた方以外は馴染みが無く，作成を負担に感じるかもしれませんが，作りかけると結構スムーズに作成できるものです。ただ，決して1人の担当者が全ての業務の「工程管理表」を作成することは控えていただき，各担当者に作成を依頼してください（各担当者はプロジェクトメンバー以外の場合もあり得ます）。

各担当者に作成を依頼した結果，「できました」と最初に提示される「工程管理表」は満足のいく出来ではないかもしれませんが，そのような場合でもけなさないでください。"けなす"のではなく，まず，「ここまで作ってくれたんだね」と労った（ねぎらった）後に，「ここがもう少し明確になるように改善してもらえるかな」とあくまで"改善"という表現を使用していただきたいのです。

社長であるあなたが雇用している従業員は本来，通常の業務以外をやりたくないのです。余分なことはしたくないのです。でも，「会社の命令だから仕方ない」なのか「残業をなくして今より良い会社にするんだ」と思って「工程管理表」を作成してくれたのかは不明ですが，いずれにしても作成プロセスを経て，不完全ではありますが「工程管理表」ができただけでも今までより一歩前進であることを社長はプロジェクトリーダーに理解させてください。

この，"けなす，叱る"よりも"労い，改善を促す"ということは，全ての

人材育成（子供の育成も）に通じるものがあるのです。

　このような話をしますと，ガテン系の社長から「社長がそのような態度だと従業員にナメられないですか？」と質問を受けることがあるのですが，それは違います。そもそも，社長が「なめられないように振る舞う」から，「なめられる」のです。いつも"なめられないようにしよう"と心で感じている隙を従業員に限らず他人は見ています。誤解しないでいただきたいのは，社長が従業員のレベルで考えて，従業員に摺り寄る必要があると申し上げているのではなく，むしろその逆で会社のこと，従業員のことを一番に考えているのは社長であり，企業経営の責任はすべて社長にある。その責任ある立場の社長は大きく構えていていただきたいということです。

○　既に「工程管理表」と類似の文書が存在する場合
　「工程管理表」を作成するのですが，既に「業務フロー図」「QC工程表」等が作成済みの企業は積極的に活用してください。ただ，その場合でも上記①～⑨で既存の「業務フロー図」「QC工程表」には記載が無く，かつ，必要な場合は追記する必要があります。

◆　標準処理時間の設定方法
　"標準処理時間"とは，通常の力量を持っている従業員がその作業を処理するために必要な時間のことでした。
　今回の業務処理プロセスの明確化という取組みの中で標準処理時間まで設定することは難しいと感じるかもしれませんが，是非，お願いしたいのです。
　標準処理時間の設定方法は次の２種類です。
　A　現状の業務処理時間を標準処理時間に設定する
　B　現状の業務処理時間を把握の上，本来であれば処理できる時間を標準処理時間に設定する
　通常は"A"の方法で設定しますが，"B"の方法は，大げさに表現すると標準処理時間設定の段階で，プロセスリストラを実施してしまうということで

す。

　現状は40分かかっていた業務処理時間が，何らかの施策により30分にできるということですから。このように考えるとプロセスリストラとは非常に簡単なことであり難しいことではありませんね。

　ただ，今回は第一回目の標準処理時間の設定ですから，時間設定の精度があまり高くなくても致し方ありませんが，1つ意識していただきたいことがあります。それは，87頁で説明した「秒給」の概念です。標準処理時間の設定では秒給ほど細分化しなくても良いですが，分給，最低でも時給は考慮すべきです。
　実際，私の関与先で「ジタマネ」に取り組んだ際，1,400円の粗利を上げるために1,410円人件費を投入していたことが判明した例もありました。このようなことが見えてくるのが「ジタマネ」のステージ2なのです。

◆ 標準処理時間は改善すべきこと

標準処理時間は時間経過とともに改善していかなくてはなりません。
具体的な改善内容として，
- 現在の標準処理時間は30分だが，5年後は25分に短縮
- 現在も5年後も標準処理時間は30分だが，現在，職能資格等級3等級職員の業務だが3年後は2等級職員の業務が考えられます。

以上の改善は，プロセスリストラを施した成果として実現できる内容です。
逆の見方をすると，プロセスリストラを施すためには業務処理プロセスの明確化が必要であり，その明確にしたプロセスの標準処理時間を設定する必要があるのです。

◆ リスク（ネガティブリスク），取組リスクの決定

　ステージ1でも「リスク（ネガティブリスク）」「取組リスク」を決定しましたが，今回は，日常の業務処理プロセスを明確にした上で「リスク（ネガティブリスク）」「取組リスク」を決定します。

第6章 「時短マネジメントシステム：ジタマネ」のプロジェクトの進め方

通常，プロセスを明確にすれば様々なことが分かるのですが，その中でも
・残業が発生するプロセスは無いか？（残業発生の原因が入り込むプロセスは無いか？）
・生産性が悪いプロセスは無いか？

これらリスクについて，ステージ1同様のリスク評価を行い「取組リスク」を決定します。

ステージ1同様，決定した「取組リスク」について次のことを明確にします。
・「取組リスク」とした背景は？
・その「取組リスク」は過去に対策を施したことはあるのか？
・その「取組リスク」の発生原因は？

ステージ1でのリスク（ネガティブリスク）を洗い出す際，"従業員本人が原因のリスクは表面化し難い"と129頁で説明しましたが，このステージ2までプロジェクトが進んでくると，そのような後ろ向きに考える従業員は少なくなります。

まえがきで，「ジタマネ」への取組みは，**常に残業時間・ムダな労働時間発生に目を光らせ，常に生産性を上げることを念頭に活動する組織風土を構築**することが目的であることを説明しましたが，ステージ2まで進むと，この組織風土ができてきますので，従業員自身の残業時間・ムダな労働時間発生の原因についても隠す従業員は少なくなります。もし，ステージ2においても，多くの従業員が自身の原因のリスクを出してこない組織風土であれば，プロジェクトに何らかの原因があるのです。

ここでも，「問題には必ず原因がある」と理解してください。場合によっては後述する不適合の定義に加えて，「不適合処置」「是正処置」に展開する必要性を検討しましょう。

◆ 機会（ポジティブリスク），取組機会の決定

　ステージ1でも「リスク（ポジティブリスク）」「取組機会」を決定しましたが，今回は，日常の業務処理プロセスを明確にした上で「機会（ポジティブリスク）」「取組機会」を決定します。
　プロセスを明確にした上で次の着眼点で判断します。
　・処理方法に手を加えることにより残業が削減できたり，生産性が向上するプロセスは無いか？（残業削減，生産性向上の要因が入り込むプロセスは無いか？）
　・標準処理時間を短縮できる可能性があるプロセス（大，中，小を問わない）は無いか？（生産性悪化の原因が入り込むプロセスは無いか？）
　これら機会について，ステージ1同様のリスク評価を行い「取組機会」を決定します。

　ステージ1同様，決定した「取組機会」について次のことを明確にします。
　・「取組機会」とした背景は？
　・その「取組機会」は過去に対策を施したことはあるのか？
　・なぜ，その「取組機会」が改善に繋がるのかの要因は？

20	ステージ2：プロセスリストラの決定（根本的な作業時間改善手法）

　決定した「取組リスク」「取組機会」に対してプロセスリストラを決定します。
　ステージ1では，「取組リスク」に対してのみ，プロセスリストラを決定，実施していましたが，ステージ2では「取組機会」に対してもプロセスリストラを実施します。
　ステージ1では，「取組機会」に対してプロセスリストラを決定，実施しなかった理由は，ステージ1では，プロセスリストラの概念に慣れていない状況であり，かつ，「取組機会」というのは，その時点で実施済みのことが多く，

未実施の場合でもどのようにすれば効果が現れるのかが推察しやすい状況だからです。しかし，ステージ2でプロセスリストラの概念もステージ1の頃よりは理解でき，さらに高度な「取組機会」が決定されたことも考慮して，「取組機会」に対してもプロセスリストラの実施を行うのです。

21 ステージ2：短期目標（単年度）の改定及び実施計画の改定もしくは追加

　ステージ1で策定した短期目標について，ステージ2で新たに決定した「取組リスク」「取組機会」「プロセスリストラ策」を取り入れた短期目標に改定するのです。

　さらに「長期目標」の改定の必要性を検討し，"必要"と判断されたのであれば「長期目標」の改定に踏み切ります。

22 ステージ2：継続運用

　次のことを実施します。
- ステージ0：日常の運用管理策の決定
- ステージ1：プロセスリストラの実施（根本的に作業時間改善手法）で実施を決めたプロセスリストラ策（具体的に［要素］どこまでやるのか［基準］）
- ステージ1：長期目標，短期目標及び実施計画の策定のいつ，誰が，どのようなことをするのかの実施計画
- ステージ1：コミュニケーション
- ステージ1：標準化した時短に効果あるプロセス
- ステージ2：「工程管理表」で明確にした作業内容
- ステージ2：プロセスリストラの実施（根本的に作業時間改善手法）で実施を決めたプロセスリストラ策（取組機会のプロセスリストラを含む）

・ステージ２：改定・追加した短期目標を達成するための実施計画

なお，上記の実施内容は重複もあり得ます。

この運用は，正に時短活動そのものですから，この本の解説としては「決めたことを実施してください」とあっさり解説するのですが，非常に重要なプロセスであり，運用次第でどのような成果にも行きつくことをご理解ください。

23　ステージ２：監視，測定及び検証

150頁の"16　ステージ１：監視，測定及び検証"の監視，測定及び検証項目に加えてステージ２では下表の項目を監視，測定及び検証します。

No.	データの種類	取得時期	公表方法
①	従業員ごとの"のそり状態"時間：可能な限り	毎　月	ＰＪで管理
②	従業員ごとの"蒸発状態"時間：可能な限り	毎　月	ＰＪで管理
③	従業員ごとの妨害時間（被害時間）：可能な限り	毎　月	掲示板に掲示
④	従業員ごとの効率：可能な限り	毎　月	ＰＪで管理
⑤	従業員ごとの稼働率：可能な限り	毎　月	ＰＪで管理
⑥	従業員ごとの業務処理量：可能な限り	毎　月	ＰＪで管理
⑦	従業員ごとの作業品質：可能な限り	毎　月	ＰＪで管理
⑧	残業時間，労働時間削減（原単位）の推移	毎　月	掲示板に掲示
⑨	標準処理時間が適切であるか否か	半年ごと	別途記録する

ＰＪ＝プロジェクトチーム取得時期と公表方法は適宜変更する。

① 従業員ごとの"のそり状態"時間

"のそり状態"とは，74頁で解説した通り，作業している前提で，

・作業効率が悪い状態

・頭，手，足，口，目，耳，鼻が<u>フル稼働していない状態</u>

・標準処理時間内に処理できていない状態

でした。しかし，この"のそり状態"時間を計測することは可能なのでしょう

か？　確かに，頭，手，足，口，目，耳，鼻がフル稼働していない状態を計測することは困難ですが，"標準処理時間内に処理できていない状態"を計測することは可能なのです。

　また，128頁の"11　ステージ1：リスク（ネガティブリスク）と取組リスクの決定"で活用した，「業務計画・処理日報」からも"のそり状態"を拾い出すことが可能でしょう。方法としては，計画通り行かなかった原因を特定できれば良いのですから。

　"19　ステージ2：業務処理プロセスの明確化"で標準処理時間を設定しました。この標準処理時間内に作業が完遂していない時間を計測すればよいのです。また，実は標準処理時間を活用しなくても"のそり状態"を計測する手法はあるのですが手間がかかることもあり，ここでの説明は控えます。
　"のそり状態"を計測することにより**「効率」**を明確にすることができます。

② 従業員ごとの"蒸発状態"時間
　"蒸発状態"とは，76頁で解説した通り，
- 頭，手，足，口，目，耳，鼻を**作業に使用していない状態**でした。具体的には，
- お茶を淹れている時間（飲んでいる時間）
- コピー機使用の順番待ちの時間
- トラックドライバーの荷待ちの時間
- 仕事に関係ない会話をしている時間
- レストランで客待ちの時間（他の作業をしていない前提）
- トイレに行っている時間
- 携帯電話を私用で使用している時間
- 喫煙の時間

　要するに生産的な活動以外の時間です。これら全ての時間を計測することは困難ですが，それほどの困難はなく計測可能な"蒸発状態"もありますね。例

えば，トラックドライバーの荷待ち時間や，喫煙時間等は簡単に計測することができるでしょう。

　ここでも，「業務計画・処理日報」から"蒸発状態"を拾い出すことができますが，ステージ２に入る前の自分自身の"蒸発状態"を敢えて拾い出すことは難しいのかもしれません。

　効率の悪い"のそり状態"であれば，結構，本音で原因として出てきますが，"蒸発状態"の場合は，自分がサボっていることを肯定することですから。ただし，例外として後述する"妨害時間"の被害者として，ムダなおしゃべりに付き合わされたのであれば表面化することもあります。

　"蒸発状態"を計測することにより「稼働率」を明確にすることができます。

③　従業員ごとの妨害時間（被害時間）
　"妨害時間（被害時間）"とは，78頁で解説した通り，
　・第三者の介入により作業が計画通り進まない状態
でした。

　「業務計画・処理日報」では，作業計画に対しての実績を記録することになっていますが，計画通り進まない原因としてこの"妨害時間"が多くの時間を占めます。

　これは様々な業種での時短をお手伝いする中で分かってきたことですが，従業員は誰しも残業時間・ムダな労働時間の発生原因，生産性が悪い原因を自分の原因とはしたくないものです（時短への組織風土が醸成されたとしても）。

　その点，この"妨害時間"は，自分以外の加害者により残業時間やムダな労働時間が発生したのですからあぶり出しやすいのです。

　なお，"妨害時間"には，必ず"加害者"がいるのです。この"加害者"は，人の場合も，組織の場合も考えられますが，"組織"を動かしているのは"人"ですから，"加害者"の多くは"人"となります。そして，"加害者"は，社内（内部）の場合もあり，社外（外部）の場合もあり得ます。

④　従業員ごとの効率

効率とは，75頁で説明した通り，

$$効率＝標準処理時間÷実作業時間×100$$

（10分で作業できることを12分で作業した場合は，効率は83％）
です。効率は"のそり状態"時間を測ることで明確にできます。

⑤　従業員ごとの稼働率

稼働率とは，77頁で説明した通り，

$$稼働率＝実稼働時間÷所定労働時間×100$$

（所定労働時間が8時間で，実稼働時間が5時間の場合，稼働率は62.5％）
です。稼働率は，"蒸発状態"時間を測ることで明確にできます。

⑥　従業員ごとの業務処理量

業務処理量とは，84頁で説明した通り，実際に処理できた業務量であり，

$$業務処理量＝効率×稼働率$$

です。仮に「蒸発状態」の時間が0分であっても（稼働率100％），重度の「のそり状態」（通常の作業処理量の倍の時間かけて処理）であれば（効率50％），

$$100％×50％＝50％$$

となり，業務処理量は50％です。

⑦　従業員ごとの作業品質

作業品質については，84頁で触れましたが，出来栄えのことです。

いくら，効率，稼働率が高く，結果的に業務処理量も高くても，作業品質が悪ければ本末転倒です。では，この作業品質をどのようにして測ればよいのでしょうか？

製造業であれば不良率などにより作業品質が明確になりますが，サービス業，運送業，建設業もしくは事務作業においてはどのように作業品質を明確にするのでしょうか？

実は非常に簡単なことであり，従業員や部署ごとのミスやエラーをカウントしていけばよいのです。他人のミスやエラーを一つひとつカウントするということは嫌らしい活動のように思えますが，改善や次の行動に移す場合に非常に重要なことなのです。
　最近では，次の例のような，いわゆる「開き直り従業員」も出没しており，その対策としてもミスやエラーを一つひとつカウントすることが有効です。

　従業員A　「○○のミスをしてしまいました」
　上司　　　「またか！　A君はどれだけミスをしたら気が済むんだ！」
　従業員A　「ミスは認めますが，今までどのようなミスを何回したのですか？」
　上司　　　「いちいち数えていないけれどたくさんしただろ！」
　従業員A　「ちゃんとデータを出してもらえないと納得できないっす」

　ミスやエラーをその都度カウントして，上司と部下がそのミスの件数を把握・納得しておくことは非常に重要です。ミスやエラーをされた方はよく覚えているのですが，した方は結構，忘れてしまうものです。実際，社長から次のような相談をよく受けます。

　社長A　「能力の低いBさんに辞めてもらいたいのだけれど，知恵を借りたいのですが」
　私　　　「具体的にどのように能力が低いのですか？」
　社長A　「伝票の記載ミスは多いし，電話対応のクレームも多く，顧客からいただいた書類も無くしてしまって・・・」
　私　　　「伝票の記載ミスはいつ頃，何件くらいでその影響は？　電話対応のクレームは相手と発生日と内容は？　顧客から預かった種類の紛失とはどのような書類をいつ何回なくしたのですか？　また，重大なミスに対しては「始末書」を取っていますか？」
　社長A　「発生日も内容もいちいち覚えていないし，「始末書」も取っていません」
　私　　　「それでは能力不足を客観的に証明できませんね」

第6章 「時短マネジメントシステム：ジタマネ」のプロジェクトの進め方

昔の子供のケンカで言った・言っていないの，口論のように「何年，何月，何日，何時，何分，何秒に言った？」とまでは明確にしておく必要はありませんが，いつ，どのような内容のミスが発生したのか影響を含めて記録しておくべきであり，その内容により，「始末書」を取っておくべきです。
　このことは，後日の解雇要因としての証拠というネガティブなものではなく，改善，是正の合意のデータ，文書として必要なのです。

　品質マネジメントシステムでは8原則があり，その1つが，
「意思決定への事実に基づくアプローチ」
です。
　このことをごく簡単に説明すると，意思決定の根拠はデータや情報であることです。データや情報という事実に基づき，効果的に意思決定されることが重要なのです。この概念は非常に重要です。例えば税務調査が頻繁に行われる業種についても，過去の膨大なデータ・情報をもとに税務調査が必要な業種を税務署が把握していると判断すべきであり，決して，根拠や原因も無く税務調査対象業種・企業を決定しているわけではないですね。
　このように考えると，小手先やゴマカシの断片的な時短対策がいかにムダな活動であることがご理解いただけると思います。

　このステージ2で，作業品質データを把握することも次のステップに進み改善していくために必要な作業なのです。
　時短への活動に取組み始めた企業の弊害として，
　　・作業スピードだけを競う組織になりつつある
　　・自分の仕事さえ早く終わればよい
　このような弊害を修正したり予防するためにも作業品質データを把握する必要があるでしょう。

　作業品質データについては，公表することも可能ですが，このミスやエラー

167

のデータの公表はよく考えてください。公表することにより「良い影響」が期待できるのであれば，公表を検討してください。

⑧ 残業時間，労働時間削減（原単位）の推移

　残業時間，労働時間がどのように削減（場合によっては増加）していったのかの推移をデータで把握する必要があります。

　ただ，残業時間も労働時間も売上が減れば削減されると思いますので，単に残業時間，労働時間のデータではなく，一定の物差しに対応した残業時間，労働時間のデータを測定する必要があります。

　そこで，「原単位」の概念が必要なのです。「原単位」とは，86頁で説明した通り，一定の尺度で計算することです。例えば，

　・売上100万円当たりの労働時間数
　・営業時間1,000時間当たりの1人当たりの労働時間数

　どの「原単位」を使用するのかは企業により異なりますが，なるべく一貫した原単位でのデータ取りが必要でしょう。

⑨ 標準処理時間が適切であるか否か

　ステージ2の"ステージ2：業務処理プロセスの明確化"では，「標準処理時間」を設定しましたが，その標準処理時間が適切であるのか否かを検証する必要があるのです。

　ここで社長にご理解いただきたいことは，同一の作業についての標準処理時間が10年前と現在で同じということは非常に好ましくないことなのです。

　例えば，従業員20人分の給与計算作業について，10年前は4時間かかっており，現在でも同じ4時間の場合。確かに，10年前に比べて，作業が煩雑になる原因があるのかもしれませんが，通常は，給与計算事務を担当する従業員の力量も向上しますし，機械化が進んだり，給与計算ソフトの機能も向上するはずです。ですから，10年前の4時間の作業は，現在では3時間になっているべきですね。

第6章 「時短マネジメントシステム：ジタマネ」のプロジェクトの進め方

　製造業においても，改善活動により作業時間が短縮されるべきです。
　また，作業している本人たちは疑問にも思わないことが，外部の人間から見ると，「手間がかかることやっているんだろう。ムダだなぁ」と思えることがよくあるのです。そして，それをあぶりだす良い機会が，中途入社の従業員が業務に就いたときです。その中途入社の従業員は（特に同業種からの途中入社の場合），ムダな作業方法を認識するのですが，提案して改善する機会がないと，1年後にはそのムダな作業方法を何のためらいもなく自分も実施しているとうことになります。このような悪い"慣れ"は恐ろしいです。

　あなたの会社でも中途入社の従業員がいたら，「うちの会社で直した方がよい作業はありますか？　遠慮しないで指摘してもらえる？」と質問してみてはいかがでしょうか。
　社内で頑張って，改善活動をしていくことも非常に重要ですが，この「中途入社の従業員に尋ねる」という単純な活動が，通常の改善活動より鋭い指摘，改善点に繋がることが非常に多いことをご理解ください。間違っても「新人のくせに生意気な！」という，考えは捨ててください。

　改善に関していえば，「標準処理時間」を常に改善していくことを念頭にステージ2以降の「ジタマネ」活動をしていただきたいのです。この空気が流れることにより「作業を早く済ませることは損だ！」「だらだら残業して残業代をせしめたほうが得」という後ろ向き従業員を排除していくことになるのですから。

　改善の無い「標準処理時間」と同様に「職能資格定義表」も10年前と現在で定義内容が同一の企業は，10年前から従業員の力量の向上が見られない企業といえます。10年前の3等級と現在の3等級では定義が異なって然るべきでしょう。

以上，ステージ２における監視，測定及び検証項目を説明しましたが，この時期（ステージ２終盤）では，どの監視，測定及び検証項目が自社に必要であり，不要なのかが明確に分かる時期ですから，実態を反映した項目に適宜修正していく必要があります。活用する見込みのないデータを取得しても意味がありませんから。ここでも，監視，測定及び検証でデータを取得・蓄積する目的を考えてください。また，効果ある施策をステージ１同様に標準化します。

24 ステージ２：不適合処置，是正処置及びインシデント管理

不適合処置と是正処置については，27頁で概略を解説しました。

また，残業時間の発生自体が問題発生であり，不適合発生であるとの解説を加えました。

ここでの"不適合"とは，「ジタマネ」を運用する上での"不適合"のことです。この「ジタマネ」における不適合の定義は，「ジタマネ」に取り組む企業により決定していただいて構わないのですが，一般的には次のことを不適合として対策を施します。

・年単位の目標（短期目標）が未達成の場合
・実施計画が半分以上実施できなかった場合
・原単位における労働時間が対○○比で○％以上増加した場合
・持ち帰り残業，サービス残業が発覚した場合
・作業品質が対○比で○％落ち込んだ場合　　　　　　などなど

◆　不適合の処置について

不適合の処置として，まず応急処置が必要です。

例えば，上記の"持ち帰り残業が発覚"の場合，次の対処が考えられます。
・持ち帰り残業を止めさせ，事業所内での残業に切り替える
・持ち帰り残業発生の事実を部署長に知らせる
・今後，持ち帰り残業を行わない旨の「誓約書」を提出させる

場合によっては，過去の持ち帰り残業時間分の手当て支払いを検討する必要があります。

◆ 是正処置（再発防止）について

是正処置とは再発防止処置のことであり，不適合の問題を追究し，その原因を取り除くことです。

前述の"持ち帰り残業が発覚"の場合，その原因は何であったのか？ です。
例えば，

・なぜ1：なぜ，持ち帰り残業が発生したのか？
　　回答：残業を撲滅していこうという組織風土の中で遠慮した
・なぜ2：なぜ，遠慮したのか？
　　回答：「ジタマネ」に会社を挙げて取り組んでいるので
・なぜ3：なぜ，「ジタマネ」に取り組んでいるのか？
　　回答：ムダな残業や労働時間が多く発生していたから
・なぜ4：なぜ，ムダな残業や労働時間が発生していたのか

この"なぜ4"以降は，「ジタマネ」の活動そのものになりますね。

以上の"なぜ"を追究していく原因追究手法は1本のラインで原因を追究していく手法で，一般の方やマネジメントシステム初心者の方には扱いやすいのという長所もありますが，短所もあります。その短所として様々な着眼点から原因を追究するには限界があるということです。できれば，QC7つ道具の1つである「特性要因図」を活用して原因追究していくことも必要なのかもしれませんが，ここでは解説は省かせていただきます。

◆ インシデント管理について

インシデントとは「事象」とか「出来事」と理解してください。決して，「インシデント＝ヒヤリ・ハット」だけではありません。

ここでは，残業時間・ムダ時間の発生や生産性悪化に繋がるもしくは可能性

のある出来事を鋭意取り上げ，対策の必要性を検討するのです。

　検討する対策としては，
　・是正処置
　・予防処置
です。
　例えば，私の関与先のある部署で実際に発生した事象ですが，「業務計画・処理日報」の"業務計画"に対しての"業務処理"がほぼ100％処理できている実態が増えてきました。最初のうちは，計画通り実施できていることは良い兆候と判断していたのですが，併せて労働時間の削減もあまり進んでいないのです。よくよく調査してみると，元々甘い"業務処理計画"を立案しており，そのチェック機能である部署長が部下の業務処理の監視までできなくなっていました。この事例のように，計画に対して問題なく処理している兆候も1つのインシデントとして注意深く動向を監視し，場合によっては対策を施す必要がある良い事例でした。当該事例では，是正処置に展開したことはいうまでもありません。
　また，他の関与先では，関与先の受注担当者と関与先の顧客企業の発注担当者の親交が深くなっているとの情報があり，このような状況から「わがままな顧客とわがままを聞き入れる受注担当者」という構図ができ上がることを承知していましたので，予防処置として関与先の受注担当者に対して社長から"釘を刺す"指導をしていただきました（具体的な指導内容は差し控えます）。

　このようにインシデントを吸い上げ，是正処置や予防処置の必要性を検討するには，行き当たりばったりの活動ではなく，やはりマネジメントシステムに組み込んだ仕組みが必要であり，継続的にPDCAを廻さなくてはなりません。

25　ステージ2：内部監査

"内部監査"というと，非常に重苦しいイメージを持たれる方もいらっしゃると思いますが，そのようなことではなく，次の目的で実施することです。

自分たちが取り組んでいる「ジタマネ」について，

① 「マニュアル」で規定された内容通りに運用できているのか
② 残業時間・ムダな労働時間が削減されているのか（その方向にあるのか）
③ 生産性が向上されているのか（その方向にあるのか）
④ 残業時間・ムダな労働時間を削減するため及び生産性向上のために改善すべきことはないのか

以上のことを確認するために自分たち（従業員自身）が監査員となり，自分たちの会社を監査するのです。

そして，監査の結果，上記"①②③"に該当していない場合は，指摘事項（不適合又は観察事項）となり，"④"の場合は下記の"推奨事項"となります。

不適合　：「マニュアル」に規定された内容が実施できていない
　　　　　・残業時間・ムダな労働時間が増加傾向である
　　　　　・生産性が悪化傾向である
　　　　　・その他
観察事項：現状では不適合とまでは判断できないが，放置しておくことにより今後，不適合になる可能性のある事象
推奨事項：「このようにしては良くなるのでは？」等の提案事項

「ジタマネ」に取り組み始めて，3回目くらいまでの内部監査では，"①「マニュアル」で規定された内容通りに運用できているのか"だけの確認でも構いません。この確認内容でしたら，「マニュアル」と突き合わせて確認できますから初心者監査員でも比較的ラクに監査できるでしょう。

◆ ① 「マニュアル」で規定された内容通りに運用できているのか

　第3章の"1　成功するプロジェクト，失敗するプロジェクト，その差は何か？"で，成功するプロジェクトの要因として，取り組む仕組みの「マニュアル」の作成の必要性を説明しましたが，「ジタマネ」でも当然，「マニュアル」を作成すべきです。しかも，"絵に描いた餅"的なマニュアルではなく，実際に活用できる「時短マネジメントマニュアル」や「ジタマネマニュアル」を作成するのです。

　その「マニュアル」に規定された内容通りに運用が行われているのかを内部監査で確認します。

　一口に，「マニュアル」の規定内容を確認するといってもイメージが湧かないかもしれませんが，例えば，「マニュアル」に不適合の規定として，"原単位における労働時間が対前年比で10％以上増加した場合は，不適合であり，その処置及び是正処置を施す"と規定してあった場合で，実際に原単位における労働時間が対前年比で15％増加していたにもかかわらず，不適合の処置，是正処置の未実施が内部監査により検出された場合は，内部監査における指摘事項となります。

〇 「マニュアル」で規定されている内容は盛りだくさん

　本章では，「ステージ0」「ステージ1」「ステージ2」の内容を説明してきました。これらのやるべき内容が「マニュアル」に規定されていますので，やるべきことは盛りだくさんですね。例えば，「ステージ1」では，"取組リスク"を決定することが必要ですが，その決定を確認するのです。また，「ステージ2」では，標準処理時間の適切性を検証することになっていますが，その検証が未実施の場合は指摘事項となります。

〇 「マニュアル」で規定されている内容だけではなく，その先の展開が示唆されていることも確認する

　あまり意味のない内部監査の手法として「Yes No監査」「〇×監査」があり

ます。これらの監査は，予め決められたチェック項目を単にチェックするだけの監査であり，実はあまり意味のない監査なのです。

マネジメントシステムの監査業務を理解していない方はとかくこの「YesNo監査」「○×監査」に走りがちですが，この監査手法では問題なのです。

なぜ，この監査手法では問題なのでしょうか？

それは，現象を把握する（○ or ×）だけではなく，その現象の背景まで踏み込んでの監査が実施できないからです。

例えば，前述の"標準処理時間の適切性未実施"は，「○×監査」では，当然「×」ですね。ただ，そこで，監査が終わってはダメなのです。要は，なぜ，標準処理時間の適切性が未実施なのか？を確認する必要があるのです。

この違いを比べると次表のようになります。

	ダメな監査の事例	
監査員	標準処理時間の適切性は検証しましたか？	
回答者	していません。	
監査員	では，決められたことが未実施ということで，指摘事項（不適合）にします。	
	良い監査の事例　①	
監査員	標準処理時間の適切性は検証しましたか？	
回答者	していません。	
監査員	なぜ，検証していないのですか？	
回答者	実は，現在の標準処理時間が甘いのではとの指摘が現場や実作業者から挙がってきており，ミーティングで討議した結果，全般的に甘いとの意見が大半であったため，標準処理時間の改定している最中なのです。	
監査員	では，ミーティングの場で現在の標準処理時間を検証した結果，全般的に甘いことが判明し，改定しているとも判断できますね。	
回答者	検証はそのような方法でも構わないのですか。言われてみればその通りかもしれません。	
	良い監査の事例　②	
監査員	標準処理時間の適切性は検証しましたか？	
回答者	していません。	
監査員	なぜ，検証していないのですか？	
回答者	現状の標準処理時間自体が実態を反映していないとの声が一部から挙がり，その原因を調べたところ，時短に後ろ向きな従業員がわざと長めの時間を設定したようで，まずは，その従業員に対しての面接指導を優先しており，その結果，標準処理時間の検証作業に至っていないのです。	
監査員	そうですか。では，いつ頃でしたら面接が終了し，標準処理時間の検証が完了しそうですか？	
回答者	面接自体は今月中に終了予定であり，該当従業員も前向きな姿勢に転じつつあるので，来月末までには検証も完了すると思います。	
監査員	では，観察事項もしくは推奨事項として，今回の件を報告書に記載しておきます。	

　上表をご覧いただくと，「〇×監査」では意味をなさないことがご理解いただけると思います。

第6章 「時短マネジメントシステム：ジタマネ」のプロジェクトの進め方

　ここまで内部監査について説明してくると，「内部監査は難しそうだ。私たちだけでは実施は無理ではないか」と不安な意見をよく耳にします。

　確かに，他人の会社を監査するには，膨大なトレーニングと経験が必要ですが，自分の会社を監査するのであれば，会社の内容をよく理解しているはずです。

　ですから，自分の会社を監査するのであれば，内部監査についての良書を読んだり，適切なマネジメントシステム審査員が講師を務める内部監査員研修を受講することにより，**自社を監査するための監査員としての力量が身につきます**。

　よく耳にするのが，その分野の知識があるだけで，監査を実施する場合がありますが，その分野の知識が深いだけの方だけで監査を実施した場合，「未実施・未対応」という事実だけがあぶりだされ，「そしてどうするのか？」に繋がらない非常に未熟な監査になってしまいます。法令遵守だけの確認であればこれでよいのかもしれませんが，「その後にどうするのか？」について被監査者が理解できないのであれば非常に問題でしょう（実は，この手の監査の場合，監査員自身も，「その後，どうするのか？」が分からない場合が多いのです）。

　実際，欧米の企業と取引している日本企業に対して，欧米の取引先からの指示でCSR監査が盛んに実施されています。そのCSR監査は一切の妥協を許さず，監査員も監査員としての膨大なトレーニング・経験を積んだ方が実施しており，監査員の不得意な分野や法令が絡む場合は，その道の専門家や法令に詳しい方がアドバイザーとして参加しますが，あくまでアドバイザーであり，監査員ではないのです（アドバイザーは監査自体の実施はできません）。

　私も現在では監査経験は750回以上超えており（日数にすると1,200日以上），現在ではマネジメントシステム監査のプロとして自信を持っていますが，実は100回を超えたあたりから監査について分かりかけた気がします。

私が担当した監査は完全な第三者監査（利害関係の一切ない組織への監査）ですから，監査先の多くは初めて訪問する組織でした。そのような中で一番大変なことは，その組織が実施している業務や実態を把握することです。

　内部監査員として100回経験することは困難ですが，あくまで「自分たちで自分の会社を監査する」のですから，業務内容や実態はほとんど理解されているので，後は監査員としての力量は徐々に身に付けていけばよいと思います。ただ，そのためには内部監査員として必ず次のことを心掛けてください。

その事象の根拠（遡及：遡る）と展開（次にどうする）を確認する

　前々頁の"ダメな監査の事例"の通り，その事象だけで判断してはいけないのです。監査で捉えた事象について
　・その事象の根拠は何か？（遡及する：遡る）
　・その事象からどのように展開したのか？（次にどうした）
を確認しなくてはなりません。
　例えば，内部監査実施記録を確認したところ次の記載があったとします。
　① 　監査員　：A
　② 　指摘内容：〇〇業務について現状の標準処理時間は多いと思われるので検証した上で再設定が必要

　まず，監査員のAが内部監査員として相応しいのか確認しなくてはなりません。内部監査員としての力量が無いのであれば，その内部監査は意味をなさないでしょう（無効）。Aの力量の根拠としては，内部監査員講習の受講履歴，内部監査の経験等を確認することになりますが，仮に内部監査員講習を受講したことを根拠に内部監査員として社内で認定されていた場合，そもそもその内部監査員講習は，内部監査員としての力量を身に付けるために相応しい講習であったのかを確認しなくてはなりません。もし，社内認定の根拠となった内部監査員講習の講師が，マネジメントシステム監査の経験がほとんどなければ，

その内部監査員講習自体が無効となりAの内部監査員としての社内認定も無効であり，さらに実施済みの内部監査も無効となります。

　以上が，"その事象の根拠は何か？（遡及する：遡る）"です（場合によっては前述の事例以上に遡及する必要性があります）。

　これは，力量の根拠を明確にするトレーサビリティといえるでしょう。

　次に"指摘内容"ですが，標準処理時間の検証と再設定が要求されていますので，その実態を確認する必要があります。そして，実施済みであれば，さらにその実施内容を確認した上で，遡及と展開を心掛けてください。

　以上のような説明をしますと，やはり，どうしても内部監査とは非常に難しいことと思われるかもしれません。ただ，くどいようですが，第三者の見ず知らずの会社を監査するのでなく，あくまで自分の会社を監査するのですから，できないわけがありません。ただ常に「遡及と展開」を意識していただければよいのです。

◆　②　残業時間・ムダな労働時間が削減されているのか（その方向にあるのか）

　既に"23　ステージ2：監視，測定及び検証"で残業時間・ムダな労働時間が削減されているのでデータにより明確にすることにはなっていますが，内部監査では単に測定するのではなく，ここでも「遡及と展開」を意識した上で，その測定結果になった背景を確認していくことが必要です。

　例えば，ある従業員の業務処理量が劇的に向上していた場合，監視，測定では単に数値の向上と捉えてしまう場合が多いのですが，内部監査では，「なぜ，劇的に数値が向上したのか？」というその状況の背景を読むことが必要です。

　この"背景を読む"ことにより，実態というか真実が見えることが多いのです。この事例の場合，劇的に向上していた理由が，「自分さえ良ければ良い」という振る舞いの結果でしたら組織としては問題でしょう。このことも「Yes No監査」や「○×監査」では見えてこないことですね。

内部監査のメリットとしては，前述のような状況についてある程度予測が立てられ，正に「痛いところを突く監査」ができることでしょう。

また，監視，測定は結果だけを把握することが多いのですが，内部監査では削減されている方向性にあることを把握することも可能ですね。もちろん，データも時系列で並べると傾向が掴めるのですが，データに頼らずに方向性を掴むことができることも内部監査の長所といえるでしょう。

監視，測定で明確になるデータはデジタルな結果ですが，内部監査ではデジタルな結果の把握ではカバーしきれないアナログな部分にメスを入れることができるのです。

◆ ③ 生産性が向上されているのか（その方向にあるのか）

これは，前述の"② 残業時間・ムダな労働時間が削減されているのか（その方向にあるのか）"と同様に考えていただければ良いと思います。

◆ ④ 残業時間・ムダな労働時間を削減するため及び生産性向上のために改善すべきことはないのか

内部監査の大きな目的として「仕組みの改善点を明確にする場」であることが必要です。

私も第三者監査として企業にお邪魔することが多いのですが，その際，必ず内部監査関連の記録を確認します。しかし，その内部監査関連の記録を見てがっかりすることがあります。それは，内部監査での指摘事項がゼロなのです。

その際，私が心の中でつぶやくことは次のいずれかです。

- ・本当に内部監査を実施したのかなぁ？ 実施したことにしただけなのでは？
- ・指摘事項がゼロとは，仕組みの運用が完璧もしくは内部監査員の力量が無いのだろうなぁ

内部監査は勝手知ったる自分の会社を自分たちで監査するのですから，何らかの改善点が出てきて然りでしょう。その改善提案を含めてゼロというのは，

内部監査自体に問題があるということです。

　私の関与先のトラック運送事業者では内部監査を徹底的に実施しており，毎年，その実施方法も工夫しています。ちなみに，直近の内部監査では全社で71件の指摘事項が検出されました（ほとんどが改善提案）。

　この71件が凄いのではなく，毎回工夫を重ね，監査員がまじめに内部監査をした結果の71件だから価値があるのです。要するにこの"71件"は，問題意識を持つ組織風土が定着した結果と言えるでしょう。それでも，ある内部監査員からは「内部監査のマンネリ化を防ぐために良い知恵はありませんか？」との質問を受けました。

　このような会社ですから，トラック運送事業者の中では非常に少ない交通事故件数なのです。

◆　内部監査を実施しないでPDCAを廻した気にならないでください

　以上のように考えると内部監査を実施していない会社は真の問題点を見逃す可能性が非常に高いことが理解できます。

　内部監査は，マネジメントシステムのPDCAにおける「Check：検証」の集大成です。巷ではPDCAが花盛りですが，この検証の集大成である内部監査を実施していない組織は，PDCAを廻しているとは言えないのではないでしょうか。

　以上，内部監査について説明しましたが，内部監査だけで１つの規格があり，詳しく解説しますと１冊の本ができてしまうのでこの本ではこれぐらいにしておきますが，必ずご理解いただきたいことは前述の通り，

内部監査はPDCAの"C"の集大成

であり，また，内部監査自体のPDCAも必要であることをご理解ください（内部監査の［計画－実施－検証－改善］が必要）。

26 ステージ2：マネジメントレビュー

"マネジメントレビュー"とは，聞きなれない言葉かもしれませんが，「ジタマネ」を一通り運用してみて，社長として全体的な確認をして，次の一手を指示することと理解してください。

ただ，社長としては「ジタマネ」に対して全面的なバックアップをしていただきますが，活動内容についてリアルタイムに詳細に把握することは難しいと思います。ですから，社長が"次の一手"を指示するために必要な情報を社長が把握しなくてはなりません。このことをプロセスに置き換えると次のようになります。

MR＝マネジメントレビュー

社長が「ジタマネ」における"次の一手"を指示するためのネタとして，"MRへのインプット"が必要です。"MRへのインプット"とは，「ジタマネ」の活動結果のことです。

具体的には，
・取組リスク，取組機会について
・目標の達成状況
・従業員の協力姿勢
・プロセスリストラの実施状況
・利益率の悪い顧客，製品及びサービスの情報
・監視，測定及び検証の結果（効率，稼働率，業務処理量，作業品質等）
・不適合処置，是正処置及びインシデント管理状況
・内部監査の結果
・前回までのMRにおける社長からの指示への対応状況　　　　等

第6章 「時短マネジメントシステム：ジタマネ」のプロジェクトの進め方

　以上のことをマネジメントレビューのインプット情報（ネタ）として，プロジェクトリーダー（時短責任者）が社長に報告するのです。そして社長は，"次の一手"を指示することになります。
　具体的には，A部に比べてB部の残業時間削減成果が思わしくない場合のB部へのテコ入れなどが考えられます。
　また，"次の一手"自体をプロジェクトリーダー（時短責任者）が社長に提案して，内容的に問題ないのであれば，その提案を社長が承認して"次の一手"にしても差し支えありません。

27 ステージ２：継続的改善～次のステージへの展開

　「ジタマネ」の成果が100点満点になることはあり得ませんが，時間経過とともに何とか100点に近づけることが必要です。そのためには，継続的改善あるのみです。
　継続的改善のヒントとして次のことを活用してください。
　・監視，測定及び検証の結果
　・内部監査の結果
　・マネジメントレビューの結果（社長からの次の一手の指示）
　そして，次のステージに展開してください。
　次のステージの一例として，残業時間・ムダな労働時間削減数，生産性向上の実態を反映した人事評価制度への展開や，教育のニーズを明確にした能力向上制度への展開等が考えられるでしょう。

終 章
「時短マネジメントシステム：ジタマネ」がもたらすこと

1 「時短マネジメントシステム」とはどのようなものだったのか？

　ここで「時短マネジメントシステム：ジタマネ」とはどのようなものであったのか再確認したいと思います。ここまで読み進められた方であれば、「ジタマネ」とは、

　常に残業時間・ムダな労働時間発生に目を光らせ、常に生産性を上げることを念頭に活動する組織風土を構築

であること。
　また、真の労働時間削減に取り組まないリスクとして、ブラック企業としての評価を受け、人材採用に非常に苦労することはもちろん、様々な訴訟リスクを抱える可能性があることも認識していただけると思います。

◆ 「ジタマネ」は、小手先の対処療法ではなく"仕組み"を廻し定着化

　「変形労働時間制」等はそもそも労働時間を削減させるための取組みではありませんし、「午後〇時に強制消灯」等の小手先の対策は、効果が出る場合もありますが、その場での対処療法であり、定着の代わりに不正（サービス残業の温床）になり得ることが十分に考えられます。

　「ジタマネ」は、残業時間・ムダな労働時間削減、生産性向上を目的とした世界的に認められているマネジメントシステムを活用した"仕組み"です。

目的達成のために"仕組み"を活用することのメリットは，成果が芳しくない場合，修正が可能であり，常に改善していくことが可能なことです。これこそが正にPDCAであり，プロセス管理の意図するところです。

　ですから，マネジメントシステムを活用した「時短マネジメントシステム：ジタマネ」に取り組むことにより，この"残業時間・ムダな労働時間削減，生産性向上"という目的を達成できないことの方が不思議に思えます。
　「ジタマネ」に限らず，様々なマネジメントシステムを廻して目的が達成できない場合（成果が得られない）もありますが，その大きな原因は次の3つ全て，もしくはどれかでしょう。
　① 皆がまじめに前向きに取り組んでいない
　② そもそも構築したマネジメントシステム自体が悪い
　③ マネジメントシステムを運用する力量が無い
　"①"は論外です。皆がまじめに前向きに取り組まないで成果が得られるわけがありません。皆に前向きにまじめに取り組ませるために社長の力が必要なのです。
　"②"は，可能性として考えられますが，「ジタマネ」については，この本に書いてある内容を理解して実践していただければ時短のための良いマネジメントシステムが構築できるでしょう。
　"③"は，導入組織全般ではなく，マネジメントシステムを廻す責任者の力量不足です。「ジタマネ」で言えば，"時短責任者"（プロジェクトリーダー）のことです。マネジメントシステムを廻す場合，そのリーダーが力量不足の場合，上手く廻すことができないのです。この本は，「ジタマネ」について解説した本ですので，"時短責任者"（プロジェクトリーダー）はこの本の内容を実践していただければ，仕組みを上手く廻すことができるでしょう。

2 「時短マネジメントシステム」の真の目的

「ジタマネ」で小手先ではない時短対策に取り組むことにより，次の成果を得ることが可能なのです。

◆ 「ジタマネ」で時短，生産性向上し，結果，実現可能なこと
- 経常利益の増加：年間200万円以上の経常利益の増加は難しくない（月額給与25万円の従業員20名が残業時間を月5時間削減した場合）
- 人材採用が容易になる
- 離職率の低下
- 有給休暇取得率の向上
- ワーク・ライフ・バランスの実現（多様な働き方を受け入れ，実践する組織風土の構築）
- 生産性の向上（5人分の仕事を4人で処理する）
- CSR（corporate social responsibility：企業の社会的責任）実践企業
- 若年労働者を始めとする採用活動の円滑化
- まじめで前向きな社長と従業員が得をする職場
- **「働くことに制約がある人」に活躍していただく**（「働くことに制約がある人」＝子育て中の人，持病を抱えた人，介護をしている人，障がいをもたれている人，家事と両立している人）

なぜなら，上記のことが実現できない主原因は，「残業時間・ムダな労働時間の発生」「生産性が悪い」という理由ですから。

また，「ジタマネ」に取り組むプロセスのアウトプット（成果）として，

- 社長の片腕の育成，次期社長の育成

ができるのです。要するに，「ジタマネ：時短マネジメントプロジェクト」は，

「社長の片腕育成，次期社長育成プロジェクト」なのです。その根拠として，
① 誰も反対できない取組み理由が明確な適正プロジェクトの責任者を務め，成功させることができる
② 会社の業務の流れを詳細に把握することができること
③ 時短・生産性向上という金額換算が明確で大きな成果を出せる
④ 仮に外部の専門家の指導を仰ぐ場合，経営全般の知識を吸収することができる

確かに，今までどこでも，誰からも聞いたことのない"残業時間・ムダな労働時間削減，生産性向上"のためのマネジメントシステムですから，不安はあるとは思います。しかし，この18年間マネジメントシステムの世界に没頭してきた労務管理の専門家である私が策定した「ジタマネ」を信じていただきたいのです。

なぜなら，この「ジタマネ」は，私の指導先や顧問先を通じて得た知識・経験だけではなく，18年間750回に及ぶ2人規模から数万人規模の企業に対して実施してきた監査活動の経験及び北欧の労働事情調査結果をもとに策定したのですから。

あとがき

　この本に書いてある「ジタマネ」のノウハウは，マネジメントシステムや労務管理に精通していない方にとっては難しく感じるかもしれませんが，自分たちの会社で取り組むのでしたら，「ジタマネ」への取組み段階でマネジメントシステムや労務管理に精通していなくても大丈夫です。
　ただ，「ジタマネ」に取り組む過程で，"マネジメントシステム"については，常に意識しておいてください。"マネジメントシステム"の基本である「PDCA」や「プロセス管理」への配慮を怠ると，既存の小手先の残業削減策と効果が変わらなくなる可能性があるからです。

　別の言い方をすると，「ジタマネ」に取り組んで疑問や壁に突き当たった場合，「PDCA」や「プロセス管理」を思い出してください。解決の糸口が見えてくるでしょう。もちろん，社長が全面的に「ジタマネ」をバックアップしている企業であれば，社長自らはもちろん時短管理責任者（プロジェクトリーダー）の方からの質問も受け付けておりますので，ご連絡いただければと思います。
　また，今後可能であれば，社長向けの「ジタマネ」についての実践的なセミナー等も開催していきたいと思いますので，ご興味のある方は私のサイト（ロードージカンドットコム：rodojikan.com）をチェックしていただければと思います。

　私が残業時間・ムダな労働，生産性向上の仕組みである「時短マネジメントシステム：ジタマネ」の策定を思いたった経緯を紹介したく思います。
　本文にもありますように「道路交通安全マネジメントシステム」の調査で，その策定の議長国であるスウェーデン詣での初回訪問時のことです。その時も「ヴィジョン・ゼロ責任者，道路交通安全マネジメントシステム規格策定者」であるスウェーデン道路交通省のアンダース・リー氏からイエテボリでレク

チャーを受けていました。

「ヴィジョン・ゼロ」とは，70頁で説明しましたが1998年からスウェーデンが国を挙げて取り組んでいる交通事故削減の取組みです。私がスウェーデンに調査訪問を開始した2011年の時点では既に「ヴィジョン・ゼロ」は大きな成果を上げていたので，私は，少々疑問に思い，アンダース氏に次の質問をしました。

「スウェーデンは既にヴィジョン・ゼロで交通事故削減の効果を上げているのに，なぜ，道路交通安全マネジメントシステムを提案したのですか？」

その質問の回答としてアンダース氏からは，

「効果ある取組みでもしばらくすると効果が薄れてくる。効果を持続させ，改善するためには様々な取組みを実施しなくてはならない。そして常に新しい取組みが必要で，だからこそマネジメントシステム（PDCA）が必要である」

その回答を聴いて私はハッとして次のことを思ったのです。

アンダース氏の教えを残業時間・ムダな労働時間に当てはめると「現状の残業削減の取組みでも効果が出ていることはあるが，いずれ効果は頭打ちになり，効果自体が無くなっていく。それを是正するためには，残業時間やムダな労働時間の削減のマネジメントシステムを策定・導入して効果を継続・改善していく必要があるのでは？」となります。

かねてから「働くことに制約がある人の役に立ちたい！」と思っていた私は，イエテボリのホテルや帰国の飛行機の中で「ジタマネ」策定を開始し，策定後にいくつもの関与先で試行して効果を確認できた次第です。

このように，マネジメントシステムを独自に策定し問題解決や目的達成に活用することができるのです。例えば，従業員の能力向上を達成するために「能力向上マネジメントシステム」を策定し運用するとか。

その第一弾として私が策定した仕組みが「時短マネジメントシステム：ジタマネ」なのです。

あとがき

「ジタマネ」の成果は確認しておりますが，まだ発展途上とも言えます。これから成果を上げるための精度を上げるべく取り組んでいきたいと思います。

最後に私事で恐縮ですが，「働くことに制約がある人」への想いを綴ります。

残業時間・ムダな労働時間の削減，生産性の向上は，「働くことに制約がある人」にとって非常に重要です。残業ゼロが実現できた職場であれば，「働くことに制約がある人」の就労の場が増えるからです。

「働くことに制約がある人」とは，女性はもちろん他にも様々な方が存在します（自身の持病，親の介護等）。私自身も小学生のころから脚の不自由な病気がちの母親に育てられ（父親は不在），就職の際も母を一人にできないという制約がありました。一人いる姉も遠隔地に嫁ぎながらも，1年のうち半分以上実家に戻り母の面倒をみながら様々なことをこなす日々でした。そんな私自身，"働くことに制約がある"環境で様々な方から助けていただきました。その後，現職に就き度重なるスウェーデンへの出張の際，同国の労働事情（残業はほとんどなく，女性も男性も障がいを持たれている人も平等なフラットな社会）を目の当たりにし，わが国の就労環境もなんとかすべきと思ったのです。今では母も他界し介護の必要は無くなりましたが，私が主宰している組織だけでも就労環境を整えるために，数人の育児休業者のほか，就労に制約のある人も積極雇用してきました。

ただ，私が主宰している組織の就労環境整備だけでは非常に小さな影響しかありません。そこで，「ジタマネ」を広めることにより，「働くことに制約がある人」が就労できる企業を一社でも増やすべく執筆に至りました。

なお，この本の執筆に当たってお世話になった方々にこの場を借りてお礼申し上げます。

・スウェーデンの労働事情について情報をいただいた
　　Mitsuru Suzuki氏（Linnaeus University Vaxjo）
　　Yuko Axelsson氏（Göteborg）
・4回に渡るスウェーデン訪問でお世話になったスウェーデンの方々
・この本の出版でお世話になった株式会社税務経理協会の板倉誠氏

2015年4月

　　　　　　　　　　　　　　　　　　　　　　　　　　　山本昌幸

[参考文献]

- 山本昌幸・末廣晴美『プロセスリストラ』を活用した真の残業削減・生産性向上・人材育成　実践の手法」(日本法令)
- 山本勲，黒田祥子「労働時間の経済分析」(日本経済新聞出版社)
- 小林久貴「CEAR広報誌　September 2014 No.54」"経営層が身に着けるべきシステム思考のマネジメント"(産業環境管理協会)
- 山本昌幸「アイソス」"残業削減の切り札：適正労働時間MS：HLSを活用した必ず成果を認識できるマネジメントシステム"2015年4月号(システム規格社)
- 山本昌幸「ISOマネジメント」"ミスをしない社員の育成は可能なのか？" 2010年4，5，7月号(日刊工業新聞社)
- 「日本経済新聞」"働き方Next" 2015年1月 (日本経済新聞社)
- 山本昌幸「ビジネスガイド」"「営業職」の労働時間短縮のための業務見直しのポイント" 2014年5月号(日本法令)
- ドナルド・C・ゴース，ジェラルド・M・ワインバーグ著，木村泉訳「ライト，ついていますか」：共立出版
- 山本昌幸・粟屋仁美「CSR企業必携！交通事故を減らすISO 39001のキモがわかる本」(セルバ出版)
- 「対訳版　ISO 39001：2012道路交通安全（RTS）マネジメントシステム－要求事項の手引」：日本規格協会
- 「ISO 39001：2012 Road traffic safety (RTS) management systems - equirements with guidance for use」ISO
- 「JIS Q 9001：2008」日本規格協会
- 「JIS Q 9004：2010」日本規格協会
- 「JIS Q 9000：2006」日本規格協会
- 「JIS Q 14001：2004」日本規格協会
- 「JIS Q 19011：2012」日本規格協会
- 「JIS Q 31000：2010」日本規格協会
- 「ISO 55001：2014」ISO
- 「ISO 55002：2014」ISO
- 「画集ムンク」オスロ　ムンク美術館
- 厚生労働省サイト
  平成26年度「過重労働解消キャンペーン」の重点監督の実施結果を公表

[著者略歴]

山本　昌幸（やまもと　まさゆき）

1963年生
真の時短コンサルタント、プロセスリストラコンサルタント、マネジメントシステムコンサルタント、人事制度コンサルタント
あおいコンサルタント株式会社　代表取締役
東海マネジメント所長
コンサルタント、審査員として全国を飛び回る。
主要著作に「『プロセスリストラ』を活用した真の残業削減・生産性向上・人材育成実践の手法」（日本法令）、「CSR企業必携！交通事故を減らすISO 39001のキモがわかる本」（セルバ出版）、「運輸安全マネジメント構築・運営マニュアル」（日本法令）

主な保有資格：
　ISO 9001主任審査員：品質マネジメントシステム（JRCA）、
　ISO 14001主任審査員：環境マネジメントシステム（CEAR）、
　ISO 22000主任審査員：食品安全マネジメントシステム（審査登録機関）、
　ISO 39001主任審査員：道路交通安全マネジメントシステム（審査登録機関）
　特定社会保険労務士

連絡先：あおいコンサルタント株式会社
　　　　名古屋市中区栄3－28－21建設業会館7階　☎ 052－269－3755
　　　　メールアドレス：nakagawa@bk.iij4u.or.jp
　　　　ロードージカンドットコム（労働時間.com）：http://rodojikan.com/

イラスト：高橋ゆかり

著者との契約により検印省略

平成27年5月15日　初版第1刷発行

社長のための
残業ゼロ企業のつくり方

著　者	山　本　昌　幸
発行者	大　坪　嘉　春
印刷所	税経印刷株式会社
製本所	牧製本印刷株式会社

発行所　〒161-0033 東京都新宿区下落合2丁目5番13号　株式会社 税務経理協会

振　替　00190-2-187408　　電話（03）3953-3301（編集部）
ＦＡＸ　（03）3565-3391　　　　　（03）3953-3325（営業部）
URL　http://www.zeikei.co.jp
乱丁・落丁の場合は，お取替えいたします。

© 山本昌幸 2015　　　　　　　　　　　　　Printed in Japan

本書の無断複写は著作権法上での例外を除き禁じられています。複写される場合は，そのつど事前に，（社）出版者著作権管理機構（電話 03-3513-6969，FAX 03-3513-6979，e-mail : info@jcopy.or.jp）の許諾を得てください。

JCOPY ＜（社）出版者著作権管理機構 委託出版物＞

ISBN978-4-419-06236-1　C3034

書籍購入者の方へ

著者が主宰するインターネットサイト：
「ロードージカンドットコム」では，
「社長だからこそ必ずできる　残業削減マンガテキスト」を無料配布しています。

また，
「社長だからこそ必ず出来る　時短セミナー」を
開催しています。

詳細は，rodojikan.comをご覧ください。

| ロードージカンドットコム | 検索 |